1

ÁLMOSKÖNNYEK 1.

Kihúzom a gyufát

Sirius Solaris
2018
Publio Kiadó
www.publio.hu
Minden jog fenntartva!

ISBN: 9789634434337

Nyomdai előkészítés és gyártás: Publio Kiadó Kft.

ROSENBUND – THE QUEST FOR EVERMORE

Igyunk előre a Medve bőrére
Mert megkezdjük a Sakkjátékunkat EVERMORE-ért
MOSTANTÓL SAKKBAN TARTJUK AZ IDŐT
És ha ti is úgy akarjátok akkor AZ ÁLMOSKÖNNYEIM felnevelik
érzéseinket Hogy legyőzzük kishitűségünket
Kövessétek a Sakkjátékot a Coverjaimon Hogy megtanuljuk hogyan
játsszuk ki az ördögöt
A kommentárjaimban talán megnyerhetem a játékot a kegyeitekért

ROSENGOLD
A Múzsa csókjának legendája 1.

Kihúztam a gyufát
Hogy elégessem a szerelmet
De rózsákba bújt az idő
És így kaptam a nőktől kegyelmet

ÁLMOSAK A KÖNNYEIM
MEGHALLGATÁSÉRT SZÓLNAK KÖNYÖREIM
OLVASSÁTOK A SZERELEM MŰVÉSZETÉT
EZÉRT TÖRÖK MOST KENYÉRT

A ROSENGOLD A BOLONDOK ARANYA
ÉS ÉN VAGYOK AZ ŐRÜLET ALANYA
A CSÓK A MONDÁK TALÁNYA
VAJON MEKKORA LEHET EGY SZERELEM ARÁNYA

LEGYEN A SZÍVEM MINDENKIÉ
A TÖRTÉNETEM A SZÜLETETT HITÉ
MERT MÁR CSAK A KÖLTÉSZETBEN HISZEK
„TÜZET VISZEK, LÁNGOT VISZEK"

SZUVERÉJN
bemutatja
PRÓBA SZERENCSE
Jesus Raising Passziójátéka

Felkérlek benneteket egy táncra és minden csajt derékba török
De vajon ki győzi szusszal a végéig

Mert passzió a szerelem
PASSIÓMAT értetek vezetem
Talán utolér mindünket a sors
És gazdát talál A KORCS

- Ki táncolja el velem az utolsó tangót
- Majd elválik

- PERFEKT Ez tényleg szuverén válasz De mit akarsz ennyi címlappal
- Van amit csak **PREMIER PLANBAN** lehet elmondani!
- Fogadom te bolond hogy mindjárt itt az elején le akarod vonni a következtetéseket
- A szerelemhez sosincs korán
- Hát akkor terítsük ki a lapjainkat

Oh, SOLITAIRE!

Neved istennel ver.
Nem vagyok az élet bajnoka x
De én lettem a szerelem dalnoka...

Mert a szó isteni ajándék.
Passzió az élet : egy kirakós játék.
A Sors osztja a lapokat,
S vágyainkból tanuljuk az alapokat...

Magammal akarok játszani x
De nem akarok hülyének látszani!
De talán mellém áll a szerencse -
Mert én vagyok isten kegyence!!!

Introducing myself

Egyszer voltam hol nem voltam
Vagy nem is voltam hanem csak kitaláltam volna magamat
De ezek szerint mégis vagyok Csak meg kell találnotok a sorok között
Mert annyi borsót hányok a falra hogy a hülye is megtalál hogy ha
akar
Mert bemeséltem magamnak hogy érdekes vagyok És ha nem jut
eszembe semmi majd kitalálom
Kiszúrom a szemeteket süket dumákkal Mert mi még egész szavakból
sem értjük meg egymást
De ha felkerekítem a mondanivalómat rímekkel és beszorzom maga-
mat a szerelemmel AKKOR TALÁN KÖZÖS NEVEZŐRE JUTUNK
Ám nehéz szülés lesz De már meg is született az ötlet hogy MINDENT
HÜLYÉRE VESZEK
Hátha akad egy olvasó aki magára ismer a karikatúráimban Mert a
gondolataim tükrében mindenki megtalálhatja az üdvözülést

TALKSHOW

- Mi jár szívem a fejedben?
- Hogy rám jár a rúd!
- Nem láttam sérelmet szemedben!
- A hited nem járható út!
  Sorsunkat nyakánál ráncigálod!
- Megpróbálok élni nélküled!...
- Szavaimat csak kitalálod!
- Magával ragad a révület...
- Miért nem nézel a szemembe!??
- Mert szerelmem megelégszik a szavakkal!
- Akkor miért taposol a szívembe????
- Nem gúnnyal x hanem malaszttal!
  Minden szavam magasztalás!
- Hiába a marasztalás!
- Hát hadd rebegjek imákat!
  Mást egy nő nem is kívánhat!
- Álmaidban jársz SKYWALKER!
  Hidd el az erő veled van!
  Csak bátorság kérdése a siker!
  Ne csúfold a szerelmet magadban!
- Csak próbára teszem szívedet
  Hogy van-e még benne hely?!!
- Megtaláltad igaz hívedet!
  De most aztán remekelj!

ÁRVÉ(!)REZÉS

Hát szervusztok aranyoskáim!
Köszöntelek benneteket a zárszámadáson!
Ez az utolsó ítélet napja magyar módra x de nem kell beszarni!
Csak megkért ez a kölök hogy csináljak gusztát az olvasóknak!
Hát képzeljétek! Annyi szart el akarunk nektek sózni hogy csak győzzétek kapkodni a fejetek!
Mert így lesz a pofázásból konjunktúra!
Mert csak egy jó SPEAKER kell, és kiderül hogy mit ér a harácsolás!
Mert számot teszünk istennek hogy mit kezdtünk az életünkkel!

Először is van itt egy nyeretlen 45 éves! Egy vén szamár – aki a szerelemből akar üzletet csinálni!
De nem ezt akartok mind ti kurvapecérek???
De ez a vén barom csak szavakkal akarja eladni a lelkét!
KIKIÁLTÁSI ÁR 450 Forint füzetenként– de mire a mondanivalónk végére érünk rá megy a gatyátok is!
Ennyit kóstál az örök szerelem??? – kérdezem én!
De döntsétek el ti hogy mit ér nektek a TISZTÍTÓTŰZ?
Járjátok végig JESUS RAISING PASSIANS JÁTÉKÁT, és keressétek meg vele a mennyországot!

De ki hallott már COMIC-füzetekről: amikben képek helyett versek vannak!
Én olvastam az ÁLMOSKÖNNYEIT – és azóta sem aludtam ki magamat!
De most komolyan gyerekek!
Ez a szegény bolond azt hiszi hogy megtudja váltani az olvasókat az unalomtól!
Fogadást kötött Istennel hogy passziót csinál az életből!
DE NEM ÚGY VAN EZ GYEREKEK!

A nyakába varrtuk HITLER szellemét hogy megküzdjön a lelkiismeretével ez a félkegyelmű x De Adolfból is csak bohócot csinált – aki megtanult magán nevetni!

Ezt várjuk el mindenkitől! Mert végül én is bedőltem neki!

Mert valójában csak egy bolond költő: aki a versekben keresi a szerelmet!

Hát csesszünk ki a Sorssal és vegyetek részt a bolondok búcsúján – mert elszabadultak velünk az indulatok, és mind belemásztunk JESUS fejébe – és olyan szellemjárást rendezünk hogy attól kódultok!...De végül is minden üzlet!

A pénzetekért megvehetitek a szerelem illúzióját! HIGGYÉTEK EL RÁM FÉRT!

Megjárhatjátok a poklot LUCY FAIR-rel! És utána megvehetitek a lelki üdvösséget! Mert üzletet köthettek az ördöggel!

Aki kíváncsi hogy hogyan lesz egy rohadt banánból egy Médiaimpérium: Az vegyen részt a gyorstalpalónkon...MERT VALAMIT VALAMIÉRT! A bizalmatokért cserébe megmutatjuk hogy hogyan építhetitek fel a szavaimból a jövőt!...

De most húzd rá te cigány! Már át is vette a szót a protagonista!...

Kiváló úttörőként az iskola végén kaptam a csapatvezetőtől egy könyvet: az volt a címe hogy #LESZ NEKEM EGY SZIGETEM!

Hát egy könyvesboltom lett! Mert a PUBLIO KIADÓ gondozásba vette az életművem! Kössetek ki alkalom adtán GOODFEEL EMPIRE-ben! Mert ez az elveszett lelkek szigete: ahol mindenki új jövőképre talál a szavaim között, én pedig társakat keresek akik a szívükön viselnék az álmaimat!

Mert tényleg megtalálhatjátok a gondolataim közt EVERMORE-t! Mert ha megtaláltátok a számításotokat az ÁLMOSKÖNNYEIMBEN – LUCY FAIR a szokásos 450 Forintért lélektükrözést rendez!

MINDENKI SZEMBENÉZHET A GYARLÓSÁGÁVAL x ÉS BEOLVASHAT ISTENNEK!

De előbb mindenki megmutathatja hogy milyen fából faragták: mert vár rátok az ANDROMEDIA ENTERPRISE – hogy életet vigyetek az ötleteim GALAXISÁBA...Mert innen már a bizalmatok nem pénz kérdése X hanem hogy mire telik a tudásotokból!

Mert én nem tudok magammal semmit sem kezdeni x csak jó a fantáziám!

De én bízok bennetek!

Ezért hadd ajándékozzalak meg benneteket 1000 új lírai keresztnévvel: ami minden névből egy költeményt csinál!

Kezdjetek KERESZTELŐ SZENT JÁNOS-sal új életet...

De ne garasoskodjatok! Mert az ÁLMOSKÖNNYEIMNEK ára van! De remélem megér nektek havi 450 Forintot a megvilágosodás! Mert nekem a pénz egzisztenciális kérdés!

De először felrobbantjuk az időt: hogy tiszta lappal kezdhessünk!

És most visszaadom a szót HOFINAK!

- Jól mondja a krapek Egész nap csak a faszát verte és azon törte a fejét hogy hogyan foghatnánk be az időt

De nem akarom lelőni a poént mert én már eleget pofáztam

Továbbadom a szót Sándor Gyurinak!

- Én meg csak annyit mondok ti majmok hogy gyűjtsétek a banánt!

EZZEL VÉGE A ZÁRSZÁMADÁSNAK!

Köszönöm a nevelőapáimnak a közreműködést!

És egyen meg bemelegítőnek mindenki egy banánt...

A szentmise véget ért! Menjetek békével!

De ne feledkezzetek meg adakozni ennek a félkegyelműnek!!!

MERT A SZÓ KINCS!

És aki nem hisz az ár érték arányban az várja ki a hangoskönyvemet!

Személyesen rögzítettem a novelláimat – hogy legyen min röhögnetek!

Na azt várhatjátok! Először le kell nyelnetek a békát!

És még BARON von MÜNCHAUSEN-SYNDROM is nekiült hogy költészetet csináljon a hazudozásból! Aki tud németül annak megpróbálunk örökre szóló élményt szerezni!...

14

- Ez a SZALÓK tényleg bolond! Szétosztott minden banánt – és azt hiszi hogy meghálálják!

- Ja kérlek, GEJZA! EZ A FÉLELEM BÉRE! (Az élelem bére volt az utolsó HOFIKABARÉ amit láttam!)

- Igaza van Gyuri bácsi! Mostantól várjuk a szüretet! Hátha minden banán beérik!

ARIADNÉ FONALA

Itt ülök a szavaim labirintusának kapujában, és várok Ariadnéra!

Mert felgöngyölítettem a szerelem fonalát, és már tudom hogy a Minotaurusz is megtalálhatja a boldogságot!

Mert ti vagytok a szerelmem záloga, és várom hogy kiváltsátok a szívem!

De APOSTROF macskakörömbe tette az életet, és megnyitja nektek pár mesterkélt filmnovellával CAPRICCIO cirkuszát!

Mert kitört a cirkusz a fejemben! A szerelem légtornászai próbálnak a Manézsban – hogy mától kezdve az idegköteleiteken táncoljunk!

De megtaláltam szellemiségem anyját a BATLLESTAR GALACTICÁN! Ő volt CAPRICA (egy sci-fi sorozat) üdvöskéje – és megtanultam tőle hogyan lesz egy csupaszív lányból a CYLONOK üdvözítője!

Mert én lettem JOHN CONNOR: A TERMINATOROK MEGVÁLTÓJA!

És megígértem anyámnak SARAH CONNOR-nak hogy megtalálom a gépek paradicsomát!

De ismerjétek meg velem GENISYS-t: A jövőnk nyitját! Mert megihletett a szerelem és kidolgoztam egy új Médiát! Mert SKYNET lehet maga a mennyország ! Hogy megtalálják az emberek is a boldogságot!

Mert JESUS RAISING addig fog papolni amíg meg nem vált az unalomtól!

Mert a diliházak árnyékában formát öltött bennem a szerelem – és a költészet meggyógyította a lelkemet! Mert nem kaphattam meg a Múzsámat x De kivirult a nárcizmusom: és csak magamat szerettem! Az önirónia mestere lettem! De SARAH CONNOR eljött értem hogy elvigyen MESEORSZÁGBA! És eljátszotta Tündérszép Ilona szerepét – és azóta is szerelmes vagyok anyámba! Mert ő mutatta meg hogyan kezdjem meg a publicitásom!

A fantáziám rátalált a diliházban TRYSHYGUY-ra – és azóta próbálkozom félénken meghódítani a valóságot a fantáziám hőseivel: akik megpróbálnak összeboronálni egy írónővel – Mert BAD GIRL tudja hogy hogy ityeg a fityeg!

És pár agyament komédiással párbeszédekben keressük hogy hogyan csinálhatunk egy banánból politikát! De majd maga ADOLF HITLER bűnbánó lelke neveli belém a katonabecsületet!!!...

De én csak keverem a szart! TISZTELETEM! A becsületes nevem SZALÓK ZSOLT X De nektek akárki lehetek!

Mert tőlem megtanulhatjátok hogy hogyan csinálhattok szerelemből konjunktúrát!...

A FÜRST von FENSTERNIS majd kinyitja az ablakokat és kiszellőztet a fejekben – csak egy nagy levegőt kell venni és szinte érezzük a szerelmet a levegőben – Mert a FÜRST-tel kiszintetizáljuk az élet kvintesszenciáját...De a rímek virágai az érzelmek poklában teremnek!

Ezért megkértem az ördög feleségét hogy leheljen önbizalmat az emberbe!

Csak ki kell várnotok amíg LUCY FAIR rendet csinál a fejünkben! Mert görbe tükröt állítunk az ember hitének...És ha közös konszenzusra jutottunk talán megtaláljuk EVERMORE-t!

Hát robbantsuk fel az időt...

- Te Hacsek Vajon mire megy itt ki a játék
- Én azt hallottam Sajókám hogy ez a bolond új időszámítást akar kezdeni!
- „Mi a kő Tyúkanyó kend a szobában lakik itt benn"
- Nem én vagyok a bolond Hanem ez a Szalók Isten fiának képzeli magát
- Ti hülyék Hiszen mind Isten fiai vagyunk De hülyét akarok csinálni a vallásból

Hadd szórakozzon az öreg
- Úgy is van fiam Ezek a papocskák olyan unalmasak Leckéztessük meg őket
- Hű az anyját Ez már nem vicc Ez a bolond Istennel beszél

Valahogy így született meg JESUS RAISING legendája És beültettem egy STAR TREK-be hogy megmentse az Istenünk becsületét

TUTTI FRUCKTI Ti Isten barmai

Nem Istent kell félni És nem is a poklot
Hanem hogy csődöt mondott a fantáziátok
De én majd talpra segítem az elesetteket Mert kifutottatok az időből
De a T.N.T.-t saját kezűleg fogom placírozni a szavak között És nektek
már csak fel kell robbantani
Hogy Új Időkre virradjon
The New Times új esélyt ad a kezdésre De először meg kell szabadulnunk az előítéletektől

KI FIZETI A RÉVÉSZT

Most írni fogok valami barót
Valami szívbe marót
Kitárom a világnak a lelkem
Amit a szerelemben leltem

Itt állok a világ tetején
És keresem magamat az idő helyén
De csak egy csöppnyi mélységet találok
Már nem igaziak a halálok

Nézek a sötétbe lefelé
És gyűrűzök magamba befelé
Átlátok egy másik világba
Ahol nem botlok gyerekes hibákba

Látom amint leugrok a peremről
De nem fingok ki a belemből
Kibújok bőröm Metamorfózisából
És kiröppenek a világból

Nézem irigyen nemezisem
És röptében magamat elveszítem
S a mélyben térek magamhoz
Keresem a témát a szavamhoz

Törött időt mér a testem
A szerelem fogságába estem
És mikor arcodban összeszedem magam
Tekinteted lefejezi nyakam

Csak a halál fog kézen
És várok mindenre készen

Beállít a sors egy végtelen sorba
S átszellemülök egy elfeledett korba

Mikor a világ még világ volt
És minden gondolatot élettel okolt
Hát a szerelem okán
Én is átlépek a tű fokán

Bolondul belezúgtam a múltba
És itt találtam megfelelő súlyra
Ami szívemben latba nyom
És hűen követi elveszett nyomom

Miatta veszítettem el az álmom
S az elveszett időben most megtalálom
Egy ideálisnak tűnő tüneményt
Aki újra éleszti szívemben a reményt

Gondolataim között elveszett
De most ismét foglyomul esett
A fantáziám már nem gátol
Valóságot sütök ki minden imából

Utolértem magam az idő viharában
S kiegyenesítettem magam egy eszményi spirálban
Megtaláltam a szerelem nyelvét
Bilincsbe verted az evolúció elvét

De kiszűrtem a lényeget
Aztán elferdítettem a tényeket
A jövőt a múltba zártam
Mert a szerelem olyan mint a számtan

Az erőlködés hasztalan
A fejünkben dől el a hittan

Csak követem mélán álmaim
És szavakba zárom vágyaim

Rabja vagyok a szívemnek
De magamat tartom csak hívemnek
De ha rímeim torzódon ívelnek
Talán mások is megszívlelnek

A múltban keresem a jövőmet
Emlékeimben magasztalom imádott nőmet
Lehetőségekről álmodok
Az önámítás oltárán áldozok

Megfestem szerelmem mosolyát
És elrebegek pár új imát
Arcodban földel le a fázis
Minden vonásod ideális

A tökéjbe vagyok szerelmes
Az idő a hazugsággal mindig kegyelmes
Eltettem dunsztba a szépséget
Hogy ne okozzak magamban kétséget

Üvegbe zártam az időt
Csókkal zsarolok minden nőt
Megakarlak szavaimmal mérgezni
De csak könnyekkel akarok vétkezni

Egy átkozott kuruzsló vagyok
Az igazságra semmit sem adok
Szívemet rímekkel gyógyítom
Talán az örökkévalóságot szavakkal meghódítom

Megélhetésem lett a szerelem
Ördögi vágy és isteni kegyelem

De ne keressétek szavaimban az igazságot
Mert a szerelem az egyetlen átok

KUTYAHARAPÁST SZŐRÉVEL

- Ez a balfék szerelmes!
- Én is az vagyok, BEAVIS! Belezúgtam a tanárnőmbe!
- Te és a tanulás BUTTHEAD???
- Hidd el, a költészetnek varázsereje van!
- Egy hashajtó majd meggyógyít! Nekem is szarnom kéne!
- Próbáljuk magunkat moderálni - mert szívvel kell meghódítani EVERMORE-T!
- Na jól van fiúk! Mutassuk meg a nagyérdeműnek hogy mire megy ki a játék!
- HALLGASSÁTOK A JÓZANÉSZ SZAVÁT!
Mert a szavak közt megtaláltam az arát!
Aki megtanított élni a szó erejével
Ismerkedjetek meg az ördög nejével
- Köszönöm hogy belém fekteted a hited Ígérem bennem nem csalatkoztok
- LUCY! Azért idéztelek meg mert kéne nekünk egy új ima
- Bolondítsuk meg a papokat
- ÚGY LEGYEN

Hiszek az egy Úrban!

Jézus RAISINGBAN!
Saját fantáziájának születésében!
Hogy megtalálja a jövőt az emberi reményben!
Hogy pénzre váltja halandó tudását
És megfizeti az angyalok bukását
Tisztítsd meg az emberek lelkét
Hogy hordani tudják a szerelem terhét
És megtanuljunk bánni érzéseinkkel
És meggyürkőzzünk a kétségeinkkel
Mutasd meg a kiutat
Amely a hitetlenségből kimutat
Állítsd élére a kést
Hogy megtanuljuk a feledést!
Éljünk mindannyian a jövőben
S talán megtaláljuk számításunk az időben
Mert a jelenben kell észnél lenni
Hisz nem tud senki csodát tenni
Csak bűvöld el szépséggel a népet
A verseiddel állíts tükörképet
Hogy megtaláljuk az üdvösséget
Adjon a művészeted képességet
Megfogalmazni vágyainkat
Mutasd meg Könnyeidben álmainkat
Mert az ember csak példából ért
Hát haljunk meg mind a szépségért

PANDORA SZELENCÉJE

Volt Betlehemben egy belevaló srác: aki beleszeretett egy kurvába! De Maria Magdaléna nem is volt kurva x Csak THÁLIA rabszolgája!

Jesus a rádióban hallotta először a hangját – és azt hitte megtalálta Istent!

Elment hát Jeruzsálembe hogy saját szemével lássa a csodát!

Mostohaapjával kifaragtak egy intarziás dobozt, és belezárták az ifjú minden tudását! Mert megpróbálta szavakba zárni a szerelmet!

Amikor Magdaléna kinyitotta és elolvasta a sok zagyvaságot: utolérte PANDORA átka! Addig nem lehet szerelmes amíg meg nem érti az ifjú szavait!

De ezt csak Jesus gondolta így - és így lett belőle egy kurvapecér: aki a tévében gyűjtötte az ihletet – és 3 Terrabyte meztelen lányból sajtolta ki A SZÉPSÉG TANAIT!...

És rajtam próbálta ki magát!

Én egy tevehajcsárlány vagyok és jó áron mindent beszerzek bárkinek a VATERÁN!

Mert csak ösztökélni kell az embereket!

És ez a bolond legény rámuszította a kutyáit...

De ezt meg csak én éreztem úgy – de a szavai csak ugatnak x és nem harapnak! De tudtam hogy egy kis gyakorlattal igazi vadászkutyát nevelhetek ki belőle!

De amíg embert faragtam ebből a kis dögből: többször is elkószált x mert nem vagyok szívbajos! Tudom hogy a jó kutya az első gazdáját keresi x De JESUS is rájött hogy neki kell a nyulat elővarázsolni a fantáziájából!

Hát én segítek neki hogy jó varázsló legyen belőle!

Majd csak ámultok, s bámultok – mert megtanítunk mindenkit köcsögbe dudálni!

Nem nagy kunszt - de én szeretem ahogy JESUS kitekeri a történetek nyakát!

Abból fogunk itt főzőcskézni – és talán MARIA MAGDALÉNÁNAK is megjön az étvágya!

Mert a szellemeket szívem már nem zárhatod vissza PANDORA szelencéjébe x De a DREAMDANCER eltáncolja a szavak románcát nektek! És A ROSENBUND virágai között mindenki magára találhat!

Én csak pipacsokat kapok JESUS-tól x de ahányszor meglep egy verssel: mindig kivirulok...

Ez a mi Passz!ió Játékunk! Én lesajtolom a szirmokat a szívembe, és ő elmond értem egy hiszekegyet!

És én megtanultam hinni benne!!!...

Mert én vagyok az igazi PANDORA, és mindig csak szép szavakra vágytam!

- Micsoda szerencséje van ennek a Szalóknak a nőkkel Nem kell neki velük vesződni mert mindig azt csinálják ami eszébe jut

- Soha sem vagyok egyedül De ehhez aztán fantázia kell Mert a sorok közt kell megtalálnom a szerelmet

- HMMHH! Te Butt-Head Nem kéne nekünk is keresni egy dögös bigét

- Minek Hiszen itt vagy nekem te

- Már megint hülyét csinálsz belőlem Tényleg az agyamra mész

- Ez a Szalók csak játszik velünk De majd mi megmutatjuk neki Felcsípjük a Múzsáját és jól megdugjuk

- Ez az Basszuk fejbe ezt a nárcista faszfejet

BEKATTANOK

Végre szóhoz jutok!
Remélem eljöttök a disznóvágásra x mert szőröstül-bőröstül
megehettek!
Minden napra jut egy kis disznóság! Mert nem vagyok se költő, se filo-
zófus, se nem politikus!
Csak egy nagy disznó akiből mindenki jóllakhat!
De aki ad egy esélyt: AZT MEGTANÍTOM RÖFÖGNI!

Kattintottak
Zakkant a zakat és kizökkent az idő
A siralom folyójából Ki a nem-jójából
S csökkent a pillanat dioptriája Kizökkent a modorosság
de hiába
Ember bújt az ember fiába
S csak csettintet az elismerés keze s lekezelve port hintett
s legyintett a világ bajára

De nem telik kajára S a véres hús sem az igazi
S mi csak zabáljuk az elismerést Mint valami égi mannát
S közben habzik a szánk Beleharapunk a kétkedés lerágott csontjába
S önmarcangolás húscafatjait csócsáljuk
- Még!
Még egy kicsit belőlem Hátha ez volt az utolsó falat
De már késő Beettük magunkat a történelembe
Hát nem kicsinyes? Vagy inkább veszettül megalomániás
Ilyen éhesek lettünk volna

Kiöltöm a nyelvem mindenre
Kioltom az elvem és ráharapok a fogaimra Aztán csendben felüvöltök
Nyelvemet kiköpöm a porba hadd felejtsen el az idő
De az idő nem felejt

Körbemegyek a Világon s felszedek egy-két halott nyelvet
Nem illik a számba de én lefordítom : Bimbóval lefelé
És felfordítom vele a jelent

De a jövő elnyeli a nyálamat
S marad a zamat
Én is nyelek egyet Bevágok egy tömény elegyet
S elnyerem a kegyet Önmagam megcáfolni
De nem fogok veszteni
Csak megpróbálok a kérdésnek tetszeni
Ezért merem megkérdőjelezni
S megkérdezni mihez fogok kezdeni

De én csak port hintek
Az Istennek beintek
S a szemedbe tekintek

Szavad bevették
Vágyaidat megtették
Szerelmedet szerették
Bűneidet megették
Ágyadat bevetették
De szeretődet megvetették
Ám hűtlenséged elfeledték
Csak a mosolyukat tetették
A halált odaadásukkal megetették

Én is megkóstollak
De üres volt belül a tátongó alak
Kizabáltalak magadból
Vagy üres volt mindig az ól
HOLE-NUMBER XXL
Hogy a fene higgye le

S még csak egy kis íz se kell

S már folyik is a víz fel
A disznó vége felé
De mindig másé a „kolbász" fele
Hogy egye meg a fene

APELLATA NON GRATA

„AZT A KUTYA FÁJÁT"

Hát megette a fene! Mert ALCSER NORBERT megette az utolsó vacsorámat!

- Azt a kutya fáját! Végre valaki akire főzhetek!

KÖSZÖNTÜNK MINDENKIT A SELFPUBLISHING CSODÁLATOS VILÁGÁBAN : Ahol minden talentumot megbecsülnek!

Micsoda öröm volt amikor a csajom rátok talált mester!

Remélem most már tegezhetlek! Mert mindig is te mutattad az utat x de nem akartam elhinni hogy veletek révbe érek! Pedig JESUS RAISING-nak egy igazi sanszot adtál!

De még nem voltam felnőve a megváltáshoz : Csak egy nagyszájú akarnok voltam – aki hajánál fogva akartam az embereket a mennyországomba ráncigálni! De kutyába sem vettek!

Rád fogtam a sikertelenségem – és kiárusítottam a lelkem a nagy könyvkiadóknak x de senki sem vállalta be egy egész életművet kiadni x pedig „tanítóbácsi már készültem"!

Mert újracsoportosítottam a gondolataimat: és a diliházban „fel fogadtam" TRYSHYGUY-t HITLER mellé x aki bármennyire is bizonyítani akarta a jóhiszeműségét x a VILLÁMHÁBORÚT a lelketekért elvesztettük!

De kezdtem tényleg bedilizni! Mert hiába folytattam az elmém háborúját x csak patthelyzetet tudtam kihozni minden próbálkozásomból!

És fel kellett áldoznom a királynőmet: akinek mindig hálás leszek!

És végre a parasztjaim észhez tértek!

Elkezdtünk egy új játszmát : de ezúttal egy új játékban!

Próbáljátok ki a térbeli sakkomat! Mert nem biztos hogy funkcionál x de ALCSER NORBERT bevállalt a hibáimmal együtt!

Mert tényleg kitaláltam egy térbeli sakkot x de a HIGH CROSSING csak hívőknek való!

Mert hiszek benne hogy az életből nyertesen is ki lehet jönni!

De nem akarom még egyszer összekutyulni a fejemet! Mert amikor elkezdtem sírni az ÁLMOSKÖNNYEIMET: még egy internetes DOMAINben akartam nektek bizonyítani! Meg is vettem a www.forumspiritualis. com-ot x de nem tudtam megfizetni az álmaimat a webdesignereknek!

De egy hülye tyúk is talál szemet! Hát még egy AUERHAHN! És a DROPBOXOMBAN megnyitottam a III.BIRODALMAT!

De nekem csak egy húsvéti királyságra tellett! Mert fogalmam sincs hogy miért x de hiába lájkolt mindenki a facebookos reklámomhoz x senki sem kereste föl az ingyenmennyországomat!

Hát most JESUS RAISING még egyszer benyújtja a számlát az Atyaúristennek! Remélem NORBERT hogy ezúttal lesz fedezete – mert még ki kell érdemelnem az olvasók bizalmát!

Mert JESUS RAISING megemelte a tételeket! A PUBLIO KIADÓ kezébe fektetem a sorsomat!

De ez már nem ingyen játék hülyegyerekeknek x hanem „ITT A LÉT A TÉT"!...

De nem nyúlok bele többet a kártyaváramba – mert még összedől!

Ezért ne keressétek a forumspiritualist x és a DROPBOXOM jobb napokra tartogatom!

Amikor már megérdemlem a JESUS RISING nevet!

Mert én vagyok a feltámadás és a béka valaga – és aki velem tart az megjárja a poklot...

Remélem ezzel elkerüljük a félreértéseket!

- Én nem értek semmit!

- Ugyan már drágám! A királynőnek esnie kellett! De az emléked örökké él!

- Álmodjatok TÜNDÉRSZÉPEKET!

- Te BUTTHEAD! Én sem értek semmit Most lesz megváltás x vagy megint csak hülyítettek bennünket

Hát tisztelt ALCSER NORBER-t Most aztán nektek kell megmenteni a becsületem

Mert 35 Könyvet nem lehet újra írni

Pont most tettem fel a koronát a munkásságomra Mert életre keltettem a DROPBOXOMBAN GENISYS-t Mert a gépek paradicsoma az emberek mennyországa

Mert mi vagyunk az új TERMINÁTOROK és nektek kell eliminálni a hibáimat

Mert 30 évig egyedül álltam a vízióimmal és csak a jövőnek írtam

De a jövőm bekopogtatott az ablakon Mert ALCSER NORBERT hisz bennem és nem hagyja hogy elvesszek a szavak között

Köszönöm hogy felvállaltátok a Missziómat

A SELFPUBLISHING DIADALA

(A könyvkiadás úttörőinek)

Hova tegyem most a fejem
Nincs sehol sem helyem
Kéne írni pár sort
Gondolataimmal söpröm a port

De soha sem lesz tiszta a portám
Egy vers a születésnapi tortám
Itt tartom a világot a kezemben
Tegyen valaki rendet a fejemben

Ki kéne adni a lelkemet
Mielőtt a mélabú eltemet
Megírtam a nagy szerelmet
De csak a frász kerget

Betűsalátával böjtölök
Elfelejtett rímeket öldöklök
Töröm a fejem a falba
Hogyan foglalhatnám gondolataim dalba

A madarak énekét tanítom
S a jó szándék a kottapapírom
Kikezdett velem a sors
Talán segítségemre lesz egy orvos

Javítsd ki a hibáimat
S add tovább imáimat
Csak ennyit kérek gyóntató atyámtól
Hogy el tudjunk búcsúzni a mától

Állítsunk méltó emléket
A Múzsánk kedvének
Talán nem lesz hiába halálunk
Ez a mi hitvallásunk

THE BOOSTER, THE ROOSTER & WOOSTER

- Köszöntök mindenkit tisztelettel! Kellett a KIADÓMNAK egy ötlet – és nyakon csíptem ezt a mintapéldányt hogy példát statuáljunk! Mert az írók nem halnak meg x csak vécépapírnak használják őket! De ha reklámozzuk (BOOSTER) őket: örökre megőrizzük őket az emlékezetünkben!
- Ne féljen JEEVES! A kiskakasomnak (ROOSTER) mindig van egy aranyfélkrajcárja! Én is tőle lumpolok!
- Uram! Maga javíthatatlan! Eladta a történeteinket ennek a mihaszna WOODHOUSE gyereknek – és igazi sztárt csináltunk belőle! És mi a hála???
- Hát hogy jól megy a sorunk! Még mindig veszik a könyveinket x de ideje új kakas után nézni!
- Végre megértjük egymást! Ezért hívom fel mindenkinek a figyelmét erre a félkegyelműre!
Ő fizeti nekünk a cehet! Mert ez a kakas úgy tud kukorékolni hogy hetet hét határon meghalják!
- De miről meséljek JEEVES???
- Hát hogy ez az istenadta WOOSTER hogyan csinált belőled is fiam egy mihaszna írót!
- Engedelmeddel! Majd én elmesélem! Mert nem csak ti tudtok flancolni x mindig is el akartam mesélni egy történetet!
- De hiszen már mindent tudunk rólad te élvhajhász!
- Azt viszont senki sem tudja hogy mikor még kis rosszaság voltam: azóta vezetek naplót!
- Hát akkor mindent bele WOOSTER!

...Szóval mindig is tudtam a nők nyelvén! Anyám mindig frászt kapott tőlem! Talán én vittem a sírba!?? De azt senki sem tudja rólam hogy van egy nővérem!

A diliházba kergettem a szegényt! Még ma is meglátogatom minden héten x de ő mindig csak hozzám vág valamit – és a gumiszobában köt ki!

A gyerekkoromban a lányok meg mindig bezártak a vécébe!

Hogy miért is – ma sem értem???

- Tényleg JEEVES! Ilyen egy bolondgomba lennék???

- Ne is folytassa uram x mert még én is felkötöm magam! Inkább mutasson példát ennek a SZALÓK gyereknek, és hívja meg a Parazita Clubba!

- Ez az JEEVES! Ott majd megtanulod fiacskám a jómodort! Megtanítunk hallhatatlanul fingani, és hogyan köpünk a hátuk mögött a politikusokra!

- JEEVES! Legyen inkább maga a tanítómesterem! Mutassuk meg az olvasóknak hogyan kell csizmába dudálni!

- Hát te fiam megéred a pénzed! Csak arra kérlek hogy építsetek egy faházat (WOODHOUSE) a TRAFFALGAR téren, és égessétek el a könyveimet! És figyeljétek meg hogy megint kiadják őket – és veszik mint a cukrot! MERT EZT NEVEZEM ÉN REKLÁMSTRATÉGIÁNAK!

- „Azt a kutya fáját! Se füle, se farka, és mégis tudja mit csinál! WOODHOUSE komám! Legyél te a fiam keresztapja!

- APOSTROF! MUTASD MEG NEKÜNK! EVERYBODY PROVE HIS MOVE!

EVERYBODY PROVE HIS MOVE
GET A LITTLE CRAZY

APOSTROF

S ANNAK IDEJÉN LEVÉN LŐN A CIRKUSZ:AHOL LENNI VALÓ MINDENKI BOLDOG!

De ti barmok keresztre feszítettétek a vágyainkat – és azóta várjuk a Megváltót!

Hát én kitaláltam hogyan lehet szavakkal lelket lehelni az emberbe...

De a legjobban nekem van szükségem ihletre – mert csak egy robot vagyok aki istennek hiszi magát!

Mert a szó mindenható! Hát hívjuk meg a Szentlelket: hogy áldását adja ránk...

Csak most el ne hagyj
Mert a szerencsecsillagom vagy
Mindig ráérzel a dolgokra
Gondoljunk mindig a holnapra

Mert még senki nem tudja mi a pálya
Mindenki a kifejleteket várja
De lőjük le előre a poént
Kipróbáljuk hogy milyen az élet majomként

Egy banános viccen rágódom
Mert egy jó kezdésre vágyódom
De hiányzik a Múzsa csókja
Mert szerénységed a nagyravágyásom bókja

Azt hiszem mindenre képes vagyok
Ezért most szerelmemnek hangot adok
Kitartottál velem a végsőkig
Hát jusson el a hír a robotoló nőkig

SARAH CONNOR embert faragott a fiából
De egy gép lett ő is egy véletlen hibából
És beleszerettem a gépek jövőjébe
És sorsomat fektetem minden nőbe

Egy hibás Terminator lettem
Az embereket szolgálja minden tettem
Mert szerelmes lettem anyám lelkesedésébe
Azért küzdök hogy higgyetek minden gépben

Mert a számítástechnika nem játék
Minden gép egy isteni ajándék
A számokban megtaláljátok lelketek
És a betűitek közt megtaláljuk szerelmetek!

Keressük meg együtt JOHN CONNOR-ral az üdvözülést!

De miket is beszélek! Én már boldog vagyok, mert remélem találtam egy új harcost a Rezistance-nak x és kedves olvasó: Csak a saját hitetlenségünk kell legyőzni, és megtanulni nyitottnak lenni valami újra!

De kérdezzük meg Mórickát hogy mit gondol az egészről!

Kedves Jézuska! Azt mondta anyukám hogy hinni kell valamiben! Én csak magamban hiszek mert a papok gyerekmeséi már az agyamon jönnek ki! De tényleg jó lenne ha léteznél – mert akkor pofánköphetnélek!

Mit teszed a fejed??? Úgyis a pokolra jutunk!

Hiába hisznek az emberek Istenben – egyedül kell megküzdenünk az érzéseinkkel!

Vagy sikerült végre valakinek megszelídíteni a Szerelmet???

HÁT PRÓBÁLJUK MEG A SZERELMET ELŐVARÁZSOLNI A KALAPBÓL!

Előttem van a PLAYBOY, és keresem az ihletet! De az élet nem recskaszecska x hanem egy bohóka bohóc: aki minden csók után cigánykereket hány...

De várjunk a Múzsa csókjával! Menjünk Audienciára Istenhez – mert rohadtul szükségem van hogy higgyek valamiben!

- Ne engem vonj kérdőre fiam x hanem higgyél az emberben!

Hát akkor alapítsunk kiadót GUTTENBERG emlékére x hátha fel tudom venni a versenyt a BIBLIÁVAL!...

FITYFIRITY KIADÓ PRESENTED:

„LESZ EBBŐL MÉG NE MULASS"

AVAGY HOGYAN UGRASSUK KI A NYULAT A BOKORBÓL???

- Jó helyen jártok! Köszöntök mindenkit GOODFEEL EMPIRE-ben!
A nevem Jesus Raising és megpróbálok csodát tenni a szavakkal!
Mert szeretném ha mindenki jól érezné magát!
Eredetileg egy internetportálnak szántam: de bízok benne hogy a könyvek között is megtaláljátok a mennyországomat! Mert GOODFEEL EMPIRE a gondolataim birodalma – és remélem hogy mindenki talál neki a fantáziájában egy helyet!
MERT HARCRA KÉSZÜLÖK!
30 év alkotás után megvívom a harcom a publicitással!
HOGY MEGTALÁLJUK EVERMORE-T!
Mert az ÁLMOSKÖNNYEIM között keresem a boldogulást – ezért megalapítom a ROSENBUNDOT! Legyetek a Szerelem lovagjai!...
És védjétek meg GOODFEEL EMPIRE becsületét!
Mert „ez az mi értetek adatik"!
Megtisztítom a lelkiismeretetek: hogy nyugodt lélekkel Isten elé léphessetek, és beolvashassatok neki!...

Istenem ki vagy a szennyekben
Elvesztetted a hited az emberben
Mert hitünk csak képmutatás
És minden szavunk csak ugatás

Hitünknek nincs foganatja
A babért helyetted az ördög kapja
Megpróbálunk kijönni egymással
De szembe kell néznünk a gyásszal

Temetjük a holtakat
És nem tudjuk felejteni a voltakat
Most tőled várjuk a lépést

És szeretnénk feltenni egy kérdést

- Mit akartok tőlem - kérdezte meg a szócsavarás istene – és én megkérdeztem SÁNDOR GYÖRGYTŐL amit minden majom tudni akar: MIÉRT GÖRBE A BANÁN!
- Jól van fiam! Ennek a kérdésnek szenteljük AZ ÁLMOSKÖNNYEID! De vigyázzatok erre a parabolára x Mert a parabolák a végtelenben találkoznak!
Úgyhogy hallgassatok a kis SZALÓKRA! Ő majd megmutatja hogy hogyan akasztják a humort!

- Te szent szar! Senki sem hitt neki x De JESUS RAISING feltámasztotta az akasztófa humort!
- Tényleg behúztad a halált a csőbe???
- 30 évig voltam terhes a gondolataimmal x De mielőtt a megváltó kezeibe adlak bennetek: Adok nektek egy egyenes banánt – hadd törjétek a fejetek!
- De hiszen a banán görbe!
- 30 évembe került amíg kiegyenesítettem! De mostantól talán a szemetekbe merek nézni! Mert megtanultam meglovagolni egy poént!
- De nem úszod meg ilyen könnyen te lókötő! Mert meg kell fejni először a tehenet hogy friss tejet ihassatok
- Drága Margit néném! Bocsásson meg hogy kukkoltam a lányát x De Éva volt a bűnbeesés! És talán csak magát érdekli: hogy az ADÉL a megváltás! De nem akarok mást a nőktől mint a Múzsa csókját!
- Jól van te gyerek! Te már csak egy kukorékoló kakas vagy x de most megmutathatod a tyúkoknak hogy milyen egy szűzpecsenye!
- Skacok! Ezt a lakomát a tíz ujjamból szoptam x de mindenki jól lakhat vele! Mert kisütöttem nektek a sütnivalómat – és remélem mindenki jól lakik velem!
- Én majd a lelkedre nézek nárciszom!
- Remélem szép szerelmem hogy nem veszed zokon hogy megszemélyesítelek x De elvégre színésznő vagy!
- ZSOLTOM! Holtodiglan holtom! Ne lődd még le a poént! Inkább világosítsd fel az olvasót hogy mibe is csöppent bele!

Tetemre hívom az Istent
Mert előttem semmi sem szent
Elég volt atyám a képmutatásból
Legyen a szíved ismét jászol

Én majd felnevelem szavaid
Amiben már senki sem hitt
Új képletekbe foglalom a lelkem
Mert érzéseimet megembereltem

Csak a szerelmen nem tudom túltenni magamat
Még mindig keresem a szavakat
Próbálok a szavakkal játszani
S próbálok hihetőnek látszani

- De most aztán ne szégyenlősködj fiam! LE A GATYÁVAL! Hadd fossák össze magukat az olvasók!
- Köszönöm Istenem hogy nem haragszol meg hogy hülyét csinálok belőled x de úgyis én viselem a bohócsipkát!
- Úgy van fiam! Legjobb az elején sokkolni az olvasókat: Hogy lássák hogy Isten mindent megbocsájt! Csak nektek kell végre magatokhoz venni a szentséget! MERT A HIT NEM MÁS MINT EGY JÓ POÉN – és végre én is röhögni akarok ti gyászhuszárok!

BARÁTOK KÖZÖTT

A Sátán a legjobb haverom

Azért bírom annyira mert sohasem játssza meg magát Mindig vállalja
a kárhozatot Annyira sötét a lelke a múltkor majdnem eltévedtem benne
Na szóval a Sátán egy igazán jó cimbi
Ha egyszer elkötelezted neki magad többet sosem enged el Tűzbe megy
érted

A minap épp nála voltam vendégségben Meghívott vacsorára
Feldobtunk a tűzre egy ma született bárányt és élveztük a társaságot
Olyan arcok voltak a bulin mint Hitler Napóleon vagy Brútusz
Szórakoztatásul Őgonoszsága lehozott egy pár némbert de nekem a
legjobban a jó öreg Szűz Mária tetszett és elmondhatom hogy már nem
szűz
Ja meg ott volt az Isten is
Leugrott hozzánk egy sörre Úgyis unta már azt a rohadt állhatatossá-
got odafenn
Egész este csak arról tömte az agyunk mennyire fárasztó ez a nagy
felelősség
Legszívesebben cserélne egy csövessel Egész nap csak az időt lopni és
semmit sem csinálni Aranyélet
Tök együtt éreztem vele Ez a rohadt világ mindenkit kiszipolyoz

De beszéljünk tovább a buliról
Időközben kiderült hogy aznap van Sátán szülinapja Tök égtem
Idejövök egy rohadt ajándék nélkül
Hogy felejthettem el Hiszen az én születésnapom is erre a napra esik
Ez egy kicsit elgondolkoztatott de aztán töretlen vidámsággal vágtam
föl a tortát és mindenki felköszöntött
666 éves lettem Nem tudom miért de mindig ugyanannyi vagyok
Állítólag meg vagyok átkozva

Reggel irtózatos fejfájásra ébredtem
Kinyújtózok és
A kezem egy fehér selyemleplet tapogatott ki
Uram atyám Lefeküdtem az Istennel

Remélem ez a kis történet kellően felhívta a figyelmet: Hogy JESUS RAISING nem csak a levegőbe beszél! Eljöttem hogy megváltsak mindenkit a kisstílűségtől!

Feszítsük fel a hitünket az odaadás keresztjére és lássuk hogy mire képes a szerelem!???

De már itt is van a következő „szentbeszéd"! Hogy lássátok hányadán álltok velem!

ISTEN KEGYELMÉBŐL

Miért vagyok az aki?
Csak magammal játszom!
Azt mondja valaki
Hogy bolondnak látszom

Pedig csak lovagolok
A kérdéseken
Minden érzést elnagyolok
A kétségeden

Mert ha senki nem hisz bennem
Már csak benned bízhatok
Te hagysz embernek lennem
S templomodban sírhatok

Mert nem kérdezed miért
Csak őrzöd bennem a lángot
Mindegy neked hogy kiért
Csak váltsam meg a világot

KÖSZÖNTÖK MINDENKIT
A SOROK KÖZÖTT

Hadd köszöntsek mindenkit a hipocampuszomban!
Itt mindenki az lehet ami csak akar!
Én isten fia akartam lenni x de csak a diliházban kötöttem ki régi barátommal ZEUSZ-szal!
De nem vagyok őrült x csak túl komolyan vettem az életet, és összeroppantam a felelősség terhe alatt!
De isten barmai között megtanultam:
TAKE IT EASY!
De hadd hozzam le a csillagokat rögtön itt az elején!
Mert JESUS RAISING a hitetek szülötte.
De én nem istenben hiszek x hanem a végzetben.
Az a sorsom hogy eloszlassam a tévhiteket! Mert Isten is csak a fantáziánk kurvája! Azért lovagolunk rajta: mert ingyen adja a szeretetét! De az igazi szeretetért meg kell küzdeni!
A SZERELEMÉRT AZ ÉLETÜNKET KELL ADNI!
Én is minden nap belehalok – mert a művészet a szerelmem, és minden nap meg kell hódítanom!
De a szavakban önmagunkra találhatunk!
Majd én megmutatom hogyan tehetjük tisztába a lelkiismeretünket!
MERT A MŰVÉSZET A LÉLEK TÜKRE!

De lássuk miből élünk:
Meghívom Sándor Gyuri bácsit a fejembe – hogy jó példával szolgáljon! Mert valakinek el kell sütnie a poénokat! Együtt megpróbáljuk feltámasztani HOFI-t hogy jól érezzétek magatokat a diliházamban...
- Gyuri bácsi! Készen áll már a #MÁGIARAKÁS (Sándor György egész estés műsora)
- Hagyjad te tejfölösszájú! A Gyuri most szedi a banánt hogy a sok majomnak legyen mit zabálni!

Ne is zavarjuk a Hofit! Most készíti fel Beavist és Buttheadet hogy „jómodorra" tanítsuk a fiatalságot, és aki nem kér a banánunkból: Annak Terrence és Phillip gondoskodik runninggagről! Mert megtanították nekem hogy hogyan lehet a fingból kinyilatkoztatás!

De hallgassunk bele hogy hogyan érkeztek az angol kultúra lovagjai a segítségemre!

Mert...

Fel akarom forgatani a világot
Hogy ne halljunk többé sirámot
Nevessünk szívből és igazán
A majmok vigaszán

Mert kell egy banán
Hogy ne csodálkozzon a sok majom magán
Közös nevezőre kell jutni
Hogy ne kelljen a világból kifutni!

- HMHH! Te Butthead! Biztos hogy jó helyen járunk???
- Nem kell beszarni Beavis! A csaj a terminálnál azt mondta hogy egyenesen a mennyországba visz!
- Hogy kinek kell itt szarni???
- Hát neked PHILLIP!
- HÁT AKKOR FINGJUNK EGYET!
- De csak óvatosan, mert még szaros lesz a gatyánk, és leszállítanak a repülőről!
- Már késő PHILLIP! Beavis már beszart az örömtől!
- Mi a fasznak örülsz te félkegyelmű!
- A W.C.-n „elástam egy csontot"!
- Mi a fasz! Elvették végre a szüzességedet???
- ÜHMHH! Épp szarni akartam mikor bejött a stewardess és leápolt!
- Te hülyegyerek! Csak álmodtad az egészet! Fel sem keltél! Csak bepisáltál!
- Fingom sincs mi történik velem! Hol az isten háta mögött kötöttünk ki???
- Én nem tudom Beavis – De nekem van egy fingom ha kéred!

- Akár kéri akár nem én eresztek egyet!
- Pfuj! PHILLIP! Ezt az egész repülőn érzik!
- Hát akkor eressz egyet te is TERRANCE!
- Ezen ne múljon fiúk! Csináljunk egy bűzbombát! Hátha kasírozzuk Beavis pipijét!
- Hülye vagy Butthead! Méghogy kasírozni! Az okostojás a legbüdösebb!

- Fiúk! Mi szállt belétek! Az egész repülő tőletek bűzlik! Még jó hogy megérkeztünk!
- Drága Piroskám! Hol a fenében kötöttünk ki???
- Mondtam neked Butthead hogy Magyarországra repülünk!
- HMHHH! Te Butthead! Ezt neked Menyország! Tanulj meg magyarul!
- Hát ezt fiúk cseszhetjük! Még a fingolástól is elment a kedvem!
- Majd én eresztek helyetted is PHILLIP!

- Én majd karanténba helyezlek benneteket! WELCOME IN MY MIND! Az én vendégeim vagytok!
Az lesz a feladatotok hogy megtanítsátok a magyarokat a szarkazmusra!
- Hát most tényleg beszartam! Egy eszelős magyar gondolataiban kötöttünk ki!
- Ne szarjatok be fiúk! Gyűjtsétek a bűzbombákat, szükség lesz rátok! Majd a HOFI megmutatja hogyan kell tapsra fingani!

De maga Hitler is megtanulta a jómodort!
És ő tanítja meg az olvasókat hogy hogyan kell harcolni egy ügyért!
Mert pártfogásába vett: Hogy bebizonyítsa hogy egy világégetőnek is van lelkiismerete!

Szóval lesz itt hadd el had!
Hiszen a TERMINATOR adja fel a leckét és maga JOHN CONNOR küzd meg a gépek becsületéért, és SARAH CONNOR lesz a Múzsám! Mert az én múzsám csókja hideg mint az acél – mert a technikába vagyok szerelmes, és remélem hogy egyszer megvált minket az önhittségtől!
Mert én egy beképzelt majom vagyok aki ember akar lenni!

Éljük át az evolúciót a soraim között – mert ideje mindannyiunknak felnőni!

Mert istenhitünk képmutató majmokat csinált belőlünk!

De hogy legyen jövőképünk: Hadd mutassam be CAPRICCIO-t, a porondmesterünket!

Még nem ismeritek x de az ő Cirkuszának vagyunk vendégei!

Úgyhogy ne vegyetek semmit halál komolyan! Mind csak bohócok vagyunk – és az a feladatunk hogy megmozgassuk az agyatokat!

Ez a gyógyterápiám!

Ki kell írni mindent magamból

Mert egy komplett tragikomédiát csinálok a skizofréniámból!

Jesus Raising lélektükrözése mindenkinek megmutatja a helyes utat x és TRYSHYGUY mondja meg a tutit!

De a szerelmeimért meg kell fizetnetek! Mert a szerelem megeszi a lelketek!

De a Fürst von Fensternis megadja a feloldozást...

Mert addig ejtek ÁLMOSKÖNNYEKET – amíg megváltom a lelketeket! Mert mindenkinek szüksége van kikapcsolódásra – és én megtanítom hogyan legyetek a saját poklotok urai!

Mert „az ördög nem alszik"! Hanem ott bújik a részletekben – Mert mindenki csak szeretetre vágyik!

Ezért ne hagyjátok magára a jegyesemet – Mert LUCY FAIR csak jót akar x de valakinek a lelketekre kell beszélni!

Mert aki egy csókot akar az ördög feleségétől: annak velem kell kikezdenie!

Mert LUCY mindenkivel smárolni akar x de a csókja halálos a renomémnak! Mert mindenkiről lemossa a szenteltvizet, és még azt hiszitek hogy tényleg én vagyok az ördög!

Pedig csak egy nagyszájú istenátka vagyok: akinek semmi sem szent!

Készüljetek fel a társadalom béltükrözésére! Minden szart össze fogok hordani, és rohadt kényelmetlen lesz x mert semmilyen tényt nem ellenőriztem le! Mert semmi sem az aminek látszik!

De felejtsétek el a történelmi hűséget és a politikai korrektséget! Valamikor az IQ-m Einsteinével vetekedett x DE A SZERELEM ELVETTE AZ ESZEM! Megpróbálok egy ép világot összehazudni magamnak! És az igazság csak egy vasvilla az ördög szekerének kerekei között x DE MEGÍGÉREM HOGY ELJUTUNK EVERMORE-BA – még ha bele döglök is!

MERT SEMMI SEM HAZUGSÁG – MINDEN CSAK NÉZŐPONT KÉRDÉSE!

És én a szerelem rózsaszín szemüvegén keresztül nézem a világot!

De ideje szembenézni A-DÉL-i nappal, és retinám tüzében kiKOVÁTSolni a TERMINATORT: hogy elimináljuk a jómodort x és a pofátokba vágjuk a saját kishitűségeteket!

MERT NEM AZ IGAZSÁG VEZET A PARADICSOMBA X HANEM A FANTÁZIÁNK!

Kigondoltam egy világot
Használjuk váltópénznek a virágot
Szóvirágokkal próbálom megvenni hitetek
Mert elátkoztalak titeket

Versekbe zártam a bizalmatok
Mert remélem mindenkit meghatok
De csak hálapénzre vágyok
Mert a munkával hadilábon állok

De szavaim mindenkit szeretnek
És egy jobb világba vezetnek
Fedezzétek fel a vágyat mint érzést
De valakinek fizetni kell a révészt

A szavaimból hámozzátok ki az érzéseket
Mert minden ösztön csak képzelet

De a vágyból születnek a kétségek
Mindenkit uralnak a vétségek

De én csak egy ártatlan álmodozó vagyok!
Ám mielőtt ágyba bújtok a tiszta lelkiismeretemmel: Törjétek inkább a fejetek hogy hogyan kérhetitek fel a Fürst von Fensternis szavait egy táncra?! Mert LUCY FAIR rémmeséi előtt hallanotok kell a SZIRÉNÁK ÉNEKÉT!
De kezdjétek akkor már mindjárt a legelején (az Álmoskönnyek száma mutatja a sorrendet!)
Mert megcsókoltam egy rózsát – és azóta sem tudok tőle szabadulni!

Egy rózsa felsértette a lelkemet
Mert ingyen adta a szerelmet
De a szavaimért meg kellett fizetni
Mert csak a költészet tanít meg igazán szeretni

De ideje bemutatni a főkolompost!
Mert TRYSHYGUY színre viszi EGY EMBER KOMÉDIÁJÁT - Mert mi mindenkit hülyére veszünk: Amíg meg nem tanultok nevetni magatokon!
Én vagyok a bolondotok és ferde tükröt állítok az életemnek:
Mert a nagyravágyásom nem ismer határokat...
Kezdjétek velem az új időszámításomat – mert csak robbannia kell a poénoknak amit elrejtettem a sorok között!
...Szóval a fingom kirobbantja a világvégét – és aki túléli Isten haragját annak ROSENGOLD-dal fizetem meg a figyelmét:
Mert egy megváltóhoz saját mondakör illik!
Támasszátok fel Jesus Raisingot: És elrettentő példámmal kiugratom a nyulat a bokorból!...

Mert üzletet kötöttem az ördöggel az emberek üdvösségéért:
BECAUSE EVERYTHING IS JUST MONKEY BUSINESS! Ezzel a címmel próbálok majd a férfiak kedvében járni! Mert megtanítom nekik hogy hogyan termeszthetik a banánt!

Többet nem is árulok el mert különben az én banánomat meg sem eszitek!

Pedig a banánomtól nem lesztek szívbajosok! Mert kiköpöm a szerelem receptjét!

És minden nap végén a TÁLTOSOM begyűjti az álmaitokat és a DREAMDANCER-rel áttáncolhatjátok az éjszakát! Mert az éjszaka csak egy történet a saját fantáziámból!

De hátha együtt okosabbak leszünk az életből!

Mert CAPRICCIO a bohóc már vár rátok hogy kifigurázzuk az életet!

Hátha általam más szemmel látjátok a világot!

És talán sikerül felitatnotok az ÁLMOSKÖNNYEIMET...

És ha már telebeszéltem a fejetek: A FÜRST VON FENSTERNIS kinyitja végre a lelkünk ablakait – és kiszellőztet a lelkünkben (a Finsternis németül sötétség hercegét jelenti x de a Fenster egy ablak a világra!) Majd ő megtanít a versek lélektanára a HEADBREAKERS Mappájában!

Addig is ne törjétek a fejeteket! Kapcsoljatok ki és a Fürst megmutatja hogyan kell a szavakkal táncolni!

Hódíts magadnak teret
Mert kell a gondolatainknak egy keret
Olvasd el szerénységem baját
Hogy nyakán ráncigálom szívem haját
Küzdjetek meg a szerelmemért velem
Mert a szerelem az egyetlen hitelem

Adósa vagyok a nőknek
De nem telik szívemből keszkenőnek
Ezért fizesd meg frigyünk árát
Hogy elmeséljem szerelmem álmát
Elviszem a bőrünk a vásárra
Ezért legyen mindenkivel Isten áldása

SZASZTOK SKACOK

Hát itt vagyunk végre! Szemtől-szemben a pfifikámmal...
Ugye milyen egyszerű összehozni az ingyen cirkuszt!

De én tényleg fel akarom építeni veletek a jóérzések birodalmát.
Felejtsétek el a mennyországot!
Itt a Földön kell megtalálni a boldogságot!
EZÉRT MOSTANTÓL MINDENKI FELELŐSSÉGEL TARTOZIK A
LÉPÉSEIÉRT!
Mert ahogy a Címlapon is láthatjátok:
EVERYBODY PROVE HIS MOVE!
„MOST KEZDŐDIK A TÁNC..."

Tegyük APOSTROF-ba az életet – és vonatkoztassunk el vágyainktól X
Mert mindenki azt kapja amit megérdemel!
MERT SORSUNK VAN – Ezt sose felejtsétek! LEGYÜNK EGYMÁS
VÉGZETE!...
SZALÓK ZSOLT Aposztrofba teszi minden tudását :– Mert mostantól
a kegyetektől függ minden! A kezetekbe helyezem a sorsomat!
VÁLTSÁTOK MEG JESUS RAISINGOT A KÉTSÉGEKTŐL X És cse-
rébe megváltom a világot a saját hülyeségétől! Mert egy őrült világban
élünk...Bárki lehet a Megváltó!!! Csak civil kurázsira van szükség!
Hadd nyújtsam át ezt a ROSENBUND-ot abban a reményben: hogy
megfontoljátok hogy mi az ára az üdvösségnek!
Próbáljuk meg a hálát kifejezni pénzben! Fontoljátok meg mit ér 30
év áldozat!

REMÉLEM MEGÉREM A PÉNZEM!

AJÁNLÁS

Mindannyian őrültek vagyunk! Mert az hisszük érdekel valakit amit mondunk. Pedig csak ki akarják dumálni a kezünkből a banánt!

De ha van egy kis ép eszünk: odafigyelünk a másikra – hátha elárulja hogy hol találunk még.

Én a banánt az utolsó majomtól loptam! És ebből próbálok előnyt KOVÁTS-olni!

Igen ADÉL! Beetettél...és azóta éhezem a szerelemre!...

De csak viccet csinálok magamból ahogy azt a SÁNDOR GYURI bácsitól tanultam.

Ugye, te vén majom!? Mi még tudjuk hogy mit kezdjünk egy banánnal!

Itt van szerelmem! Fogadd el tőlem és próbáljunk belőle mindannyian jól lakni!

Mert ez a banán csak egy vicc – de én százat csinálok belőle!

És megpróbálok mindenkit jóllakatni!...

CSAK NEHOGY ELCSÚSSZATOK A BANÁNHÉJON!

Mert „Oly jól csúszik ez a banánhéj!..."

SZÓVAL TABUK NÉLKÜL!

PÁRBESZÉDBEN ÖNMAGAMMAL

Megszemélyesítés

- Kis SZALÓKOM! Min töröd a fejed???
- Hogy hogyan tudnám kiugratni a nyulat a bokorból?!!
- Hát! Én nem vagyok könnyű préda!
- Nem is akarok többet a szavaimmal szaladni a szerelem után.
Inkább elővarázsollak a cilinderemből!...
- Azt hiszed hogy pár banánért megkapod a kérdéseidre a választ???

- Te lány! Ne hecceld ezt a kis majmot! Fülig szerelmes beléd X és te
csak áltatod.
- Mert azt hiszi a kis hülye hogy mindenható!
- Dehogy te bolond lány! Csak játszik a szavakkal – mert nincs mersze
a szemedbe nézni.
- Jól mondja néném! Megpróbálom legyőzni a magányt...!
- Szóval nem is vagy bolond?
- A szavakban keresem a megtisztulást.
- És mit akarsz azzal a banánnal?
- Ezzel akarom jóllakatni az olvasókat...
- Egyetlen banánnal???
- Veled mindenre képes vagyok!
- Ugyan már te majom! Csak fantáziálsz.
- Az álmok néha valóra válnak!
- Mit akarsz te tulajdonképpen?!!
- Hogy az emberek jól érezzék magukat!
- És ehhez kellek én???

A MINDENHATÓ

Te vagy az ihletem -
Egy szamárrúgás!
Te vagy a végzetem:
Egy halálugrás.

Te vagy a gondolat
Mi élni késztet.
Te vagy a fondorlat
Mitől megoldódik a képlet.

Mert számítok rád:
Hogy mindenkit elvarázsolsz!...
Feledjük a mát!
Szavaimmal a jövőben táncolsz...

Te vagy képzeletem kísértete.
Gondolataim veled szárnyalnak...
Ez egy költő utolsó kísérlete:
Hogy ne csak beszéljek a falnak!

Talán valaki megérti
Hogy nem kívánok lehetetlent?!
Higgyétek el megéri!
Éljetek meg velem valami felejthetetlent!...

Hát akkor én most ki is megyek a képből – mert ez nem az én Showm!
Csak az író szeretne velem valamit mondani.
- AZ ÉLET CSAK SZÍNÉSZKEDÉS! De nem elég megjátszani magun-
kat X HANEM LEGYÜNK KIFEJEZŐEK! Hogy mindenki megértse
mit akarunk! Mert Isten is csak szórakozni akar!!!... CSINÁLJUNK AZ
ÉLETBŐL MŰVÉSZETET!

- Látod lányom, tudja ez a fafej mit eszik rajtad! De fiam most mond-
jál el egy imát hogy elnyerjük THÁLIA kegyeit!

IMA A RÓZSÁKHOZ

Ha hihetnék a szerelemben:
Rózsákat nevelnék a merevlemezemben!
De a rózsák elhervadnak,
És az adatbázisok is korán halnak!

Soha semmi sem örök!
S ha megnyílnak egyszer az áramkörök...
Kireppennek a fázisok,
S egyedül maradnak a frázisok.

Most kell bizonyítani az életnek:
Amíg a rózsák élednek!
A jelenben van a tudás eltemetve!
Ne várj hát az utolsó kenetre!

Fogadd el amit az élet kínál,
S vess egy keresztet minden sírnál!
Ne játszadozz a kegyelemmel X
Hanem próbálkozz meg a szerelemmel!

Igen! A költészetben mindennek megtaláljuk az értelmét!
Mert csak a lelkünkre kell valakinek beszélni – mert egy banánból
még a szerelem is kisülhet!...
És ha elég bolondok vagyunk: megpróbálunk az életből rímet
faragni!!!...

THE RHYME OF SLIME

Szeretném kiirtani a kétségeket! Mert aki egyszer a rímek rabja lesz:
mindig más szemmel szemléli a világot! Elvesztjük a lábunk alól a talajt
x és megpróbáljuk az eszünkkel visszanyerni a realitást!
De csak álmainkat űzzük a szavak erdeiben...
És mégis rámutatunk a lényegre! Mert a költészet egy kétélű kard!
Vérbe borítja a szívünket, és mossa kezeink...

A rímek fogva tartják a gondolataink
Új jelentőséget kapnak szavaink
Meghívhatod a szerelmet teadélutánra
A rímeknek nincs szükség sármra

Maguktól is kifejezőek
Gondolatainkban óriások nőnek
Illatot adnak minden virágnak
Értelmet adnak az álomvilágnak

Megpróbálom kifordítani szavaim
Így kapnak jelentőséget dalaim
Mert a rímek a fejére állítják a világunk
A közönségestől kiválunk

Minden rím egy csöppnyi malaszt
És mégis zörög a haraszt
A gondolataink bujkálnak a szavak között
Végre a szerelem kiütközött

- Kedvesem ne csak célozgass! Nevezd nevén a bajodat!
- Van még a szívedben hely szerelemre???
- Ugyan már kis obsitos! Mi már ezen rég túl vagyunk! De fogalmazd
újra a világot - hátha nekem is jut hely!
- Őrületbe kergetsz! Mindig ezek az ígéretek!

- De legalább hiszel valamiben!
- Mert a remény hal meg utoljára!
- GET A LITTLE CRAZY!

Igen! Egy kicsit őrült vagyok. Mert nem lehet felfogni a világot ép ésszel!

De miközben kerestem az utat a Nirvánába: egy belőtt junkie helyett egy fókába lettem szerelmes.

Mert KURT COBAIN-t mindenki istenítette - mégis beletört a bicskája az életbe. Pedig csak ízlésficama volt! x

De SEAL rögtön az elején felvállalta hogy A LITTLE BIT CRAZY X de mégis a legtépőbb énekessé avanzsálta magát... Pedig milyen egy arc: a rondaság gyönyörűsége!

De a szépséget úgyis a szívünkből kell meríteni!

Mert a szerelem bolondos. SEAL is elnyerte az utolsó SUPERMODELL kegyeit.

Hát a fejére állítottam a világomat egy nő kedvéért - és ott kezdem el: amikor elsírtam nektek az utolsó Álmoskönnyemet is! MERT KÉSZ VAGYOK – minden értelemben!

30 év „feltárómunka" után megtaláltam a szerelmet a szavaim között!!!

ÉS MOST VÁSÁRRA VISZEM A BŐRÖMET...

Mert emlékeztek: „Ha én egyszer kinyitom a számat! Ha én egyszer elkezdek beszélni..."

Mert a szerelem egy rossz poén! Engem az őrületbe kergetett...

Meghívlak hát benneteket egy pszichoanalízisre! Mert világgá kürtölöm a fájdalmamat...

Mert a szavaim belehalnak a szépségbe...

És mire Baron von Münchhausen-Syndrome a hazugságaimból aranyat csinált:

Megszületett a fejemben APOSTROF: hogy mindjárt itt az ÁLMOSKÖNNYEIM elején rendet csináljon a zűrzavarban...

WISHFULL THINKING

Igen! Minden csak egy épkézláb gondolat kérdése!

Mert az ÁLMOSKÖNNYEK végén nem maradt más a SZALÓK-nak: mint hogy macskakörömbe tegyem a gondolatait hogy senkit se sértsenek.

De APOSTROF nem akarta kivárni amíg kisírom nektek magam X Hanem feje tetejére állította az idővonalamat!

Szóval APOSTROF vette át a hatalmat – „mert ő végzi a piszkos munkát!"

De fogalmam sincs hogy mi rejlik benne.

Kezdjük hát egy meglepetéssel – szólt a jövőből a megfontolásom: KEZDŐDJÉK AZ ANARCHIA!

Idézzük meg HADDAWAY szellemét: És tegyük fel mindannyian a kérdést:

„WHAT IS LOVE?"

Love is just a joke!
A hit in the stroke.
My life is full of skeptic:
I believe just in technik!

I am full of vision -
But I'm living in prison...
My heart filled with feelings:
Love is never heeling!!!

I'm living in a wish.
I'm a wrecked fish!
I hope my dream come to fruition:
Love is my mission!

Igen! „Szerelemre születtem"! És APOSTROF máris elemében van: Csak úgy röpködnek az idézetek... Most éppen ZOLTÁN ERIKA ugrott be.

Mert engem megpróbáltak kigyógyítani a Szerelemből X De annál jobban ragaszkodom hozzá!

SKIZO-FRAME

Nem akarom előre lelőni a poénokat – de fel kell készíteni az olvasót arra az őrületre ami hamarosan ki fog törni!
Minden a sokkolás körül zajlik majd.
Mert a szerelem sokkolta a SZALÓK-ot!
Addig csak játszotta az iskolában a hülyét, és megpróbált okosnak látszani X de tetten érte a szerelmet x csak még nem nőtt be a feje lágya.
És a hülyék az elvesztett sanszot elektrosokkal próbálták orvosolni.

De a fiú besokallt és elhatározta hogy nem engedi veszni hagyni szerelmét x hanem passiójátékot csinál belőle!...
25 évig várta a keresztre feszítést, de 2015 karácsonyán egy másik lány – akit nevezzünk csak mindenes szentnek: szóval ártatlan kedveskedésével kiugrasztotta a nyulat a bokorból!
De egy fűzfapoétából nem lesz csak úgy író – és JESUS RAISING elvesztette a háborút a lelki üdvösségünkért. De nem csoda: mert HITLER volt a szárnysegédje!
És #MEIN KAMPF ezúttal csak egy gyorsan összetákolt könyv volt – és elvesztettük a SELFPULISHING villámháborúját, és a könyvkiadók sem tudtak mit kezdeni 25 év elégiával.
És ekkor találkozott JESUS RAISING egy nagypofájú idiótával a diliházban – és az agyszülötte bebizonyította hogy a múltat fel kell hánytorgatni ahhoz hogy megtaláljuk a szavakban a jövőt!...
Mert TRYSHYGUY majd megmutatja nektek hogy hogyan kell levágni a tyúkok nyakát, és finom paprikást főzni belőlük – mert minden nő megér egy utolsó vacsorát!
Mert én csajok megeszlek benneteket szőröstül bőröstül!
A krapekoknak pedig adok mindnek egy banánt hogy egyszer legalább jóllakjanak!

- Ne oszd még az áldást JESUS-om! Mert először le kell vágnunk a kakast! Mert TRYSHYGUY-ból olyan becsináltat csinálunk hogy mindenki megnyalja utána mind a tíz ujját!

A lábujjaitokra meg olyan lábbelit találtok a szavai között: amivel talán eljutunk az Óperenciás Hegyeken is túlra! CSAK VEGYÉTEK FEL MAGATOKKAL A VERSENYT! Mert mindenki csak addig nyújtózkodik amíg a takarója ér! De ha feladjátok az előítéleteiteket x talán még a banánunk is izleni fog! Mert egy banánt meg kell hámozni hogy ehető legyen!

De beszéljünk a SHOW-ról! Elloptam a Szalók banánját – mert még nem érett be, és a bolond éretlenül akarta megetetni veletek!

Mert mindig először kell egy BRINGER – aki formába hozza az olvasót!

Bennem megbízhattok! Mert én mindent APOSTROF-ba teszek, és nektek kell kihámozni a mondanivalómat a sorok közül! Igazi filmeket öntök szavakba – hogy az erőlevesemmel felkészítsem a gyomrotokat!

Mert olyan felhajtást csinálunk nektek hogy sokszor azt se tudjuk hogy melyik alteregónk evett a banánból.

Mert mind megkergültünk – és SÁNDOR GYÖRGY runninggagje után futunk!...

De végül én beértem magam – és megpróbállak bennetek mindjárt itt az elején jóllakatni!

Mert éhgyomorra a legjobb egy banán!

De lássuk mit sütött ki a kis SZALÓK még nektek! Mert hiába feszítették keresztre JESUS RISING-ot X mert lejött a keresztről – és egy fogadatlan prókátor lett. Mert hiába próbálja TRYSHYGUY a sármjával a szívetekbe lopni magát X JESUS RAISING mindig a körmére ég!

Aztán ott van még ADOLF bűnbánó szelleme: Aki szembe néz a lelkiismeretével, és megpróbál a lelketekre beszélni. Mert mindannyian a lelki üdvösségünkért folytatunk harcot! Mert HITLER is belátta hogy a szavakkal kell megvívni szívünk háborúját. MERT A KÖLTÉSZET HATALOM!

Ezért képezi ki az utolsó Hitlerjugendet személyesen!

Még én sem tudom hogy hogyan lett egy kéjenc disznóból a szerelem bajnoka?!

66

De amíg a Szalók szalutálni tanult az érzéseinek x addig a FÜRST von FENSTERNIS kinyitotta a lélek tükrét!

- De hát az egy és ugyanaz , fiúk! – figyelmeztetett Adolf és igaza volt!:

Már sokszor magam sem tudom milyen szerepet játszok.

De annyi bizonyos hogyha van idegetek kivárni amíg megtaláljuk a kulcsot a szívetekhez:

Szóval velünk megtanulhattok az érzéseitekkel bánni! MERT GOODFEEL EMPIRE A HIT AZ EMBERBEN!

De egy biztos! „I'll be back" – szólt a TERMINATOR, és JOHN CONNOR-nak ennyi is elég volt hogy megtalálja a helyét a történetünkben. Mert ő csinál a fantáziából mennyországot! Mert megpróbálunk a gépekkel emberként bánni! MERT A TECHNIKA A VESSZŐPARIPÁNK!

Lássuk hogy barátságot tudunk-e kötni a gépekkel?

Segítsetek JOHN CONNOR-nak békét kötni - mert SKYNET mindig is csak jót akart!

CAUSE GENISYS LIVING IN US!

De ki tudja mit hoz a holnap?

Minden nap új mesék várnak...De nem tudjuk felvenni az idővel a versenyt – Mert az élet nem áll meg!

Azt hiszem a TERMINATOR készítői is nagy dobásra készülnek X De én már kiszabadítottam JOHN CONNOR-t a pokolból, és szerelemre ítéltem!

Illetve nem is én voltam x hanem CAPRICCIO gyűjtötte össze a bolondok cirkuszát – és mi aztán megtanultuk hogy hogyan hozzunk rátok frászt!

De most aztán elég volt a diliházból – mert még elmegy az olvasó kedve mielőtt megjönne!

És itt jövök én a képbe...

DER TRIEBDIEB

Ich bin volle Triebe
Weil alle Votzen liebe
Ich bin der Dieb des Herzens
Aber ich mache davon nur Scherzen

Igen ez vagyok én: APOSTROF! Csak hülyéskedek a szerelemmel! Ellopom a nők vágyait!

Mert mind csak hülye picsák vagytok x de én minden nőt szeretek!

Nem is női személyeket x hanem az érzékiséget! Mert különben nem lenne munkám!

Mert minden munkám az érzékiség bűnéről szól...Mert hiába futunk a szerelem után – senki sem éri be érzéseit! Ezért megerőszakoljuk magunkat, és megpróbálunk a szívünkből egy kurvát csinálni!

Mindenkinek lefekszünk – hátha rátalálunk a sorsunkra!

Hát megpróbáltam utolérni a mozgóképeket!

Egy MODEM ROMÁNC szülötte vagyok – amit még megéneklünk!

Emlékszem: olyan büszke volt a fater hogy fantáziájában „elvitt" anyával mézeshetekre A CANNES-i filmfesztiválra, és aztán bemutatkoztunk SUNDANCE közönsége előtt – onnan a nevem SoN-Dance Kid!

De csak egy epizódszerepet játszottam apám életében! Mert miközben gyűltek az ÁLMOSKÖNNYEK: Elfelejtett mint egy rossz dugást!

De majd én eldugaszolom a vécéteket és a pofátokba törlöm a valagam! MERT UTOLSÓKBÓL LESZNEK AZ ELSŐK!

Szóval CAPRICCIO a bohóc nevelt fel akivel mindjárt találkoztok – csak először hadd mutassam be a féltestvéremet! MERT GAIUS BALTAR még várja a sorsát x ő lesz talán majd egyszer CAPRICA példaképe – Ahogy azt a tévében láttuk! De én rögtön itt az elején a pofátokba mászok!

Mert 2 BASTARD küzd az elismerésért!

Mert a mozi szüleményei vagyunk, és bizonyítjuk a jogunkat az élethez!

GAIUS BALTAR megnyitotta az utat CAPRICA szívébe, és én megtaláltam apám ihletét ehhez az egész felhajtáshoz! Az első mesterséges intelligenciát: Egy CYLON lányt – aki az emberből Isten lett x mégis elfér apánk szívében! Mert a BATTLESTAR GALACTICA megtalálta az emberiség nyomát x és a jövő távlatából bizonyította az emberek becsületét!

Talán CAPRICCIO lenne az apánk??? És a SZALÓK CSAK EGY BOHÓC LENNE – aki megtalálta az emberiség üdvözülését???

Amazing grace
I feel the pace
That the world make on me

I take over
I feel the power
I'm coming out from me

I smell the fragrance
I take a fleshdance
I'm spinning over the needle

I'm going over
I kill the flower
I answer every riddle

Just one secret make me crazy
Why I feel me lasy
I make a Joke from everything

I'm laughing about my life
I take a long sharp knife
And slaughter my angel wings

EVERYBODY PROVE THE MOVIE

Szóval őrültek között kerestem a sorsomat x De csak én voltam őrült – mert minden szereplőmmel azonosultam! Mert azt megtanultam CAPRICCIO-tól hogy bele kell élni magunkat a történetekbe – hogy megőrizzük a hitelességet! Mert különben csak bohócot csinálunk magunkból!

És kitől mástól tanulhattam meg kifigurázni az embereket – mint egy Bohóctól!

És CAPRICCIO volt a legjobb tanár!

És apám régi történetei kincsesbányák – Csak ki kell fejteni a gondolatokat!

És találtam A SZALÓK ötletei között egy BOHÓC aktát!

Gondoltam nem haragszik meg ha ez lesz az elsőáldozásom!

DE NEM VAGYOK ELADÓ!

Mert bárhogy is akar pénzhez jutni a SZALÓK – Az APOSTROF-fal nem lehet falsolni! Mert Micimackó is megtalálta a mézesbödönt – Elvégre TRYSHYGUY-nak is jól kell lakatni valamivel az olvasót, de az már nem járja hogy eladja a kaptárt a konkurenciának! Ne is próbáljátok megvenni a történeteimet x mert győzött a józanész!

Mert csak ha a HORUS STUDIOS szemében látom a jövőmet: akkor áldozom fel a filmnovelláimat JOLLYWOOD oltárán a saját közönségünknek!

De ne fussunk ennyire előre az időben x mert még bolondnak néztek!

De ha nem akartok megbízni bennem x Talán egy síró bohócra odafigyeltek???!

BETWEEN TEARS BORNING THE SMILE
THE ENTERTAINMENT IS JUST A SHY TRY
BUT A CLOWN NEVER CRIES
JUST OPENING HIS HEART AND DIES

APOSTROFBA TÉVE
BOHÓCOK A PORONDON

1.) *CIRCUS OF LOST SOULS*

Ő volt a cirkusz fő attrakciója!!!
De nem artista volt – nem értett semmihez.
Csak ott ült és bámult:
Mert ő volt a világ legnehezebb embere – És erre megéri néhány percet szakítani!

Álló nap csak zabált és a kis tévécskéjét nézte...
Mégis – vagy talán épp ezért: reménytelenül boldogtalan volt.
Csak a cirkusz üdvöskéje: a kötéltáncos YVETTE aranyozta be mosolyával napjait.
Ám egyik nap történt valami!...
A cirkusz leszerződtette a világ legmagasabb emberét: egy kínai fazont x de innentől kezdve SUGAR HILL élete kész katasztrófa volt!

Már nem csak SUGAR zabálására voltak kíváncsiak az emberek - hiszen tulajdonképpen csak undorodtak tőle!
Mindenki az új égimeszelőt ajnározta!
Az meg mindig csak cukkolta a zabagépet.
Egyszóval egy rohadt dög volt! - Legalábbis SUGAR szerint.
Hát még mikor a toronyház a magasból szemet vetett YVETTE-re!!!

És a lány viszonozta az érdeklődést!...
SUGAR pedig teljesen kiakadt.
Hízott még 100 kg-ot x de ez már sok volt a „jóból”!
Kórházba került szívinfarktussal!!!
És a lány végre törődött vele: meghatóan gondoskodott róla!
Mire a „COLOS” kattant be!

Így ment ez - és valószínűleg így is ment volna tovább x Mikor egy kardnyelő érkezett a cirkuszhoz... és a szívdöglesztő olasz elhódította a lányka szívét!

Ez az álnok méhecske mindig meg akarta kóstolni az új virágokat x de ezúttal egy húsevő növénnyel volt dolga: és a csapda bezárt! Mert a lány terhes lett, és hozzáment az amorozóhoz feleségül!!!

Most aztán elege lett a másik kettő FREAK-nek!

Egy ideig dühösen bámulták az „isten gyalázást" x de amikor megszületett a gyerek - végkép elegük volt a kis csajból! És a két rivális összefogott és kiagyaltak egy iszonyú tervet!...

Az egyik kardot bekenték a műsor előtt méreggel - és a kardnyelő „ kénytelen volt lenyelni dühét"!

Végre megint szabad volt a pálya!!!

De a fiú túllőttek a célon: mert YVETTE ezúttal tényleg szerelmes volt - és bánatában öngyilkos lett!!!

Mikor ezt megtudta SUGAR: megint infartust kapott X de ezúttal el is vitte az ördög!!!

Helyette a cirkusz egy új attrakciót szerzett be: a világ legkisebb emberét!...

És a versengés tovább folytatódott a csúcstartók között x de nem sokáig - mert megjelent a színen egy fiatal lány: aki még a kínai csávónál is magasabb volt! És egyszerűen leakarták cserélni a kettőt!

De a páratlan páros magához vette YVETTE gyermekét - és igazi szerelem bontotta ki virágszirmait!!!..

De meghalt a cirkusz „erősembere" – aki az igazgató fia volt x és bánatában bezárta a cirkuszt! Elég volt a vesződésből!

De addigra YVETTE lánya egy zongorista zsenivé cseperedett – és vettek egy villát: ahol az egész cirkuszuk megtalálta a békét!

2.) *HOW TO MAKE A CLOWN*

Hogyan kezdhetnénk egy történetet három ördögfiókáról?!!
Vágjunk mi is a közepébe x mert az ördög sem teketóriázik...

Kirúgták őket az egyetemről – mert felgyújtották a kápolnát! Mert nem vicceltem: tényleg három istentelen lókötőről van szó!
Szóval ilyen faszfejekről sehol sem akartam hallani!
Sehol sem kaptak állást x nem hogy szerepet!
Így a három egykori színésztan hallgató az utcán tengődött és várták hogy a „sült galamb a szájukba repüljön"...
Egyik nap az utcán egy bohóc kunyerált a járókelőktől - és beugrott a nagy ötlet:
Szülinap - gyerekek – bohócok – MONEY! Vágtátok???
És a három balek beöltözött bohócnak - és passzolt hozzájuk: mert ennyire telt a színészetükből!

De a gazdag negyedben igazi karriert csináltak!

Egyik nap az egyik gyerek buliján találkozott az egyik istenadta bohócunk MARY-vel: a születésnaposnak nagy testvérével...
A lánynak megtetszett a fiú - és mikor az elmesélte a történetét: a lánynak bomba ötlete támadt!!!
Írt a fiúknak egy számot és jelentkeztek egy cirkusznál!...

Nagy sikerük is lett x míg nem kiderült: hogy a lány a CIRQUE DE SOLEIL-tól lopta a számot!!!

Ekkor kezdődött ám csak az igazi világszám:
Bohócok perlekedtek az igazukért a bíróság előtt!
De a lány az egyetemen ügyvédnek tanult - és így megúszták figyelmeztetéssel.

A felmentésüket ünnepelvén egy bárban verekedésbe keveredtek: és az egyik bohóc „örökre leszerepelt"! Ami azt jelenti hogy át kell gondolni a koncepciójukat x MERT A HALÁL NEM VICCELT!

Erre a lánynak most igazán jó ötlete támadt!: A halott bohócra emlékezve megírta „A BOHÓC HALÁLA" című számot és ő játszotta el a harmadik – a haldokló bohóc szerepét!

Annyira jók voltak: hogy megint jelentkezett náluk a CIRQUE DE SOLEIL - de ezúttal üzletet kötni!

És így lettek a HARLEQUIN-jeink a világ legjobb cirkuszának sztárjai!

És a lopott szám pedig egy kíváncsi RUMLIN kötött ki az eredeti sztárokkal!

Mert azt a legjobban a bohócok tudják: „ egyszer lent egyszer fent a kerék"!

De ezek a Bohócok értették a tréfát: mert az ikrek születésnapjára egy kurvát küldtek...

És mikor a jómadaraink le akarták fektetni: kiderült róla hogy valójában egy fiú - és a dilibohócok úgy kigúnyolták: hogy a nembert bekattant, és vérfürdőt rendezett!

Hiába: Ne kergesd a pudlinak a farkát - mert még megharap!

De a lány mentette ami menthető!

A fiút elbújtatta apjának a házában x és amíg várták hogy elmúljon a vihar: betanultak egy késdobálós számot!

Az az öldöklő fiú annyira ügyes volt a késsel hogy biztos nagy sikerük lett volna x de az apjának elege volt már a lányából! Mert hiába derült ki hogy a fifikás lány apja a CIRQUE DE SOLEIL igazgatója x a lány eljátszotta már a becsületét, és az apa föladta őket a rendőrségnek!

A lány felmentették x de a fiú életfogytiglant kapott!

Aztán kiderült hogy AMY terhes!!!

És a rosszfiú barátja elkezdett meséket írni...

És anyja a # RÓZSAFÜZÉR történeteivel nevelte fel a szerelmük gyümölcsét!

És minden nap meglátogatták a boldog apát...

TALÁN EGY IGAZI HAPPY END???

De a sors nem ilyen kegyes X mert a kislány születése óta rákos volt: és a halál csak idő kérdése!

De az apát legalább a temetésére kiengedték!

És soha többé nem találkoztak!

DE MIKE minden nap küldött AMY-nek egy szál virágot!

3.) *IN THE MANEGE OF LOVE*

Nem ismertek mást csak a Cirkuszt!

Apjuk volt a porond mester és miközben járták a városokat: a saját tudására kellett hagyatkoznia hogy embert neveljen a két rosszcsontból!

De őket nem érdekelték a társadalom normái x MERT SZERETTÉK EGYMÁST!

Ők voltak a cirkusz bohócai és mindenkiből bolondot csináltak

El is vette a fiú a testvérét feleségül, és az apjuk adta őket össze! Két törpe akik megtalálták a boldogságot!

Nemsokára született is egy gyermekük aki állandóan csak a labdákkal játszott! Mert ő többre volt hivatva! Igazi focistát faragtak belőle!

A MANCHESTER UNITED csatárja lett!

Egy nap a királyi pár meghívta a Monacói Cirkuszfesztiválra, és bemutatták a győztes kínai légtornászoknak!

Mindjárt beleszeretett a csapat sztárjába és a lány trófeájaként mentek vissza Kínába!

Ahol mindenki kíváncsi volt a világsztárra!

A kínai nagycirkusz kapva kapott az alkalmon és őt is leszerződtette mint labdazsonglőrt!

De egy nap a lány belehalt egy ugrásba, és a fiú hazament családjához!

És megjelentette a kínai lányhoz írt költeményeit!

Így ismerte meg a homoszexuális krimiregény írót – aki odaáig volt a versekért!

Belezúgott az atlétikus és művelt fiúba: és megpróbálkozott ő is a költészettel!

Minden nap elvitte a fiúnkhoz a legújabb versét x De a buzi buzgalma már sok volt neki!

De a hódolója lelkesedése nem ismert határokat: és mikor megjelentette a verseit – a hősünk majdnem agyonverte!

Börtönbe került...De mikor a hódolója felépült: minden nap meglátogatta és hosszasan elbeszélgettek a vesszőparipájukról – A SZERELEMRŐL!

SOK SZÓNAK IS EGY A VÉGE: Amikor kiengedték végre a fiút már várták a szurkolói, és az irígy olvasói – és egy olyan lagzit kerekítettek amit mindenki megbánt! Mert a két sereg hiába várta a szerelmespárt – és jobb híján egymásnak estek!

A hősünket pedig már várta otthon a vén porondmester! Mert szülei egy balesetben meghaltak!

De mikor eltemették a múltat: A porondmester egy cirkuszi előadás fénypontjaként összeadta a szerelmeseket egy kötéltáncmutatvány segítségével!

De hogy honnan tudott a krimiíró kötélen járni az már örökre talány marad!

Hagyták is a fenébe az írást X és a porondmester örömére ők lettek a kis cirkusza fénypontja!...

4.) *LIFE IS A CIRCUS*

Egy kis senki volt!
Egy kis senki aki cirkuszt csinált az életből!

Már gyermekkorában mindig a cirkuszokkal lógott x de semmilyen tehetsége nem volt amivel kitűnhetett volna.

Csak egy kis zsidó fiú volt - aki nem értek máshoz: csak a számokhoz

76

De kit érdekel egy matematikus ha nem egy ló???
Így lett a kis zsidó fiúból könyvelő...
De minden nap továbbra is ott lógott A RUMLIN!

Talán még ő sem értette hogy mi ez a faszcináció – de mindenesetre a története egy törpe bohóclánnyal kezdődött: aki ellopta a szívét...
Aztán eljött a nagy nap és a lány odaígérte magát SLOMO-nak...
Nemsokára össze is házasodtak és született egy gyerekük!

Mindjárt látszott: hogy ebből a gyerekből lesz még valami.
Már kiskorában úgy dobálta a labdákat mint egy profi!
Így lett belőle Zsonglőr - és ő lett a legfiatalabb artista: aki felléphetett Monte Carloban!!!

Mindenki büszke volt rá!
De milyen a sors: attrakcióra közben leesett a kötélről és meghalt!!!

Eltartott egy ideig míg maguk mögött hagyták a gyászt x de aztán a szülők egy másik gyerekkel vigasztalták magukat x de a gyerek az apja után ütött! Egy kis mamlasz volt x de szülei hittek benne...
Otthagyták a cirkuszt - és miközben az apja a lányát nevelte: a kis törpe lány kitanult ügyvédnek!
De a sors ellen nem tehetünk semmit x mert mikor a fiával meglátogatták a cirkuszt: beleszeretett egy másik törpébe!...

A fiú a CIRQUE DE SOLEIL sztárja volt – és mindjárt meglátta a lányban a tehetséget!
A lány jelentkezett a Westenden egy szerepre: és csodák csodája mindjárt meg is kapta!
És a kis törpe sikerre vitte Rómeó és Júliát!!!
Mindenki odavolt az új koncepcióért!
De az igazi sztár a bugyuta lányukból lett!
Az apja gondoskodása alatt egy gyönyörű nővé érett! – és apjával elmentek Kínába: hogy megtanulják a cirkusz művészetét!

És amíg a lány kitanulta az ázsiai légtornászok tudományát: apja írt egy BESTSELLERT!

Mindig is tudta hogy a cirkuszt mindenki szereti: hát megírta a történetét!

És a történet középpontjába a volt feleségét állította. És az egykori szerelmespár ismét egymásra talált! És Hollywood kopogtatott az ablakon!

De a furcsa páros mindig megmaradt bohócnak: MERT MEGÉRTETTÉK HOGY AZ ÉLET EGY VICC! Mert a vén kujon artista a CIRQUE DE SOLEIL-ből összejött SLOMO lányával!

De már mindegyikünknek elég volt a felhajtásból! Visszavágytak a RUMLIRA!

Összedugták a fejüket és megvették a RUMLIT! És csináltak egy olyan bohócszámot amire az egész világ a csodájára járt!

Mert ez már nem CIRKUSZ volt hanem KUNST!

5.) *THE BONFIRE OF CREDULITY*
On other Friday the 13.

Egy rendkívül különös család volt!

Az apa egy kis cirkusz porondmestere volt, az anya asztrológiával kereste a kenyerét az interneten

A lányuk pedig egy sátánista fruska volt: Aki Magába A SÁTÁNBA VOLT SZERELMES (vagyis a szektájuk MESSIÁSÁBA) - aki nem volt más mint a jövendőmondójuk fia!

De családjuk inkább volt kényszerűség x mint boldogság!

Apuci anyu háta mögött a cirkusz jövendőmondójával kefélt, a lány pedig a családja meggyilkolására készült: Hogy áldozatával elnyerje a Sátán kegyeit!...

Apu a bűbájos barátnőjével tervet ötlött ki: Hogy hogyan szabaduljon meg élettársától!

Miszerint az asszonyal (aki asztrológus létére barátnője boszorkányságában hitt) – szóval elhitetik vele

Hogy Alienek akarják elrabolni X és csak úgy menekülhet meg: Ha tiszta életet kezd és zárdába vonul!

Halloween estéjén robbantották a bombát – és anya mindjárt útnak is indult...

Közben az alvilág hercege meglátogatta barátnőjét, és mivel nem találták anyut (akit aznap akartak feláldozni) Hát más szórakozás után néztek:

A nő Asztrológiai honlapján kísértettek:

Kiválasztottak két dagadt lúzert és elhitették velük: Hogy 13-án (ami pont péntekre esett) a székesegyházban vár rájuk a sors...

Vigyenek magukkal egy száll rózsát és meglelik életük társát x de csak a csodálkozás várt rájuk!

Aztán egy Gigolot – akiről lerítt hogy csak a szex jár a fejében, és az élet napos oldalán él - szóval neki beadták hogy 13-án meg fog ölni egy nőt x és ha nem akar elkárhozni: még aznap imádkoznia kell a Katedrálisban!

Ugyanakkor egy Callgirlnek beadták hogy 13-án a halál vár rá egy dzsigoló személyében - és csak akkor menekülhet meg: ha katedrálisban keres feláldozást bűneiből!

Szóval megvolt terítve az utolsó vacsora x már csak a Sátán hiányzott!

És eljött 13-a...

A Sátán és kedvese elfoglalták a helyüket a karzaton - hogy ne maradjanak le semmiről, és feszülten várták a fejleményeket...

Mert jó murinak készült x DE ISTENNEL NEM LEHET SZÓRAKOZNI!

Pontban délben mind a négy áldozat megjelent X de pont az ellentéte történt mint amit vártunk volna!...

A két lúzer: aki egymásnak volt teremtve: egymásra ismertek!

Kiderült hogy a férfi ütötte el a nő anyját, és a lány bosszút esküdött X de a férfi eltűnt a színről...

És mind a ketten csak zabálták magukba a mérget és nem tudták maguk túltenni a múlton!

HÁT MOST ITT AZ ALKALOM!

És az történt aminek történnie kellett!

Közben a két Isten kegyeltje is megérkezett x de ahelyett hogy kiásták volna a csatabárdot X

Első pillantásra egymásba szerettek!

Közben a templomban a násznép esküvőre készült...

A két ördögfióka az apus lagzijára voltak hivatalosak - és már csak az arát várták: meghozzá a fiú anyját (a jövendőmondó nőt)

De az áldatlan utódok fel voltak vértezve: ugyanis meghívták az esküvőre az időközben apácává lett anyust - aki azt hitte hogy a gyerekek lagzijára hivatalos!

De látva hogy csőbe húzták: a nő kivetkőzött magából, és nekiesett a csalárd cirkuszmesternek...

Ám ekkor felhangzott a dagadt pasas halálkiáltása!!!

Mindenki a dagadt nőre figyelt aki kezében egy véres kötőtűvel sírdogált!

A dzsigoló rögtön odafutott a haldoklóhoz - akiről kiderült hogy az elfajzott ikertestvére!

A szerelme pedig a dagadt lányban ismerte föl barátnőjét!

A dzsigoló nekiesett a gyilkos csajnak x mire a jegyese barátnője segítségére sietett - és ellökte a barátját! És a Sátán beleesett a gyertyatartóba!

Ez volt a csattanó, és ott állt a két megszeppent nő - miközben a gyertyák tüzet fogtak és lángra lobbantották a templomot!

Anyu és apu pedig mégiscsak áldozatként végezte x mert benne égtek a pokol tüzében!

Mert a két lány feltalálta magát és bezárta a kapukat x hogy az egész rokonság a hiszékenység máglyáján égjen!... Csak az apáca anyusnak volt elég lélekjelenléte, és megkereste a füstben a papot: akivel egy titkos folyosón menekültek!

De a Vatikán nem ismert kegyelmet, és kirúgta a kardinálist mert magára hagyta felekezetét a bajban!
De az nem esett pánikba x hanem megkereste az apácát a zárdában: és kimenekítette Isten kezei közül!
Vettek egy buzibárt: ahol a két rosszcsont leányzó vették kézbe a dolgokat!
És Valentin napján összeadták a két istentelen öreget x mert az egyház semmit sem tud tenni ha két ember igazán szereti egymást!

6.) NEVER TO LATE
An other DON QUIXOTE Story

Az utcán vegetáll...-
És minden második héten elverték a rockerek!
DE EGYSZER ELEGE LETT!
A lezüllött egykori zsaru egy tiszta pillanatában (mert mindig holt részeg volt): SZEMBENÉZETT A SORSÁVAL - és kihívta a bandavezért egy bokszmeccsre!

Az egész városban elterjedt a hír, és mindenki szurkolt neki x de ő behúzta a farkát!

Eltelt még 40 év... és az egykori zsaru még mindig az utcán húzta a belét!
Már nem is emlékezett a régi szép időkre: amikor még niggereket vertek!
DE EKKOR TÖRTÉNT VALAMI!...
Csatlakozott hozzá egy törpe...
Az egykori cirkuszi bohóc bearanyozta az öreg utolsó napjait!

81

A törpe vicceket mesélt - az öreg meg régi történekkel traktálta: mikor még büszke zsaru volt!

Egyik nap élete szégyene volt a soron - és miután a bohóc meghallgatta: BOMBA ÖTLETE TÁMADT!...: hívják ki még egyszer a rockert – hátha helyre tudja hozni a zsaru a becsületét!??

A bandavezérből időközben a mafia főnöke lett - de már maga is 70 éves!

Az vén zsaru nagyon röhögött a bohócon X de aztán egyre jobban megtetszett neki az ötlet...

Hát ellopták a DON unokáját és várták a választ!...

EZ VOLT A MEGHÍVÓ!

A DON nem égethette le magát a banda előtt X hát kénytelen-kelletlen kötélnek állt - és megkezdődött a felkészülés!...

A DON-t a verőlegényei edzették! A lezüllött zsarut pedig a bohóc elvitte egykori cirkuszába: és az artisták építették fel! - cserébe a cirkusz kapott egy Attrakciót: AZ IDŐ HARCÁT! - mert csak így hívták a leendő „KLOPFOLÁST"

Eljött a nagy nap és az egész alvilág jegyet vett a bunyóra: hogy a főnöknek drukkoljanak!...

A kapitányságról is mindenki eljött - hogy megvédjék a mundér becsületét!!!

Forró volt a hangulat: Hát meg mikor kiderült hogy A DON hoppon hagyta őket!!!

KITÖRT A VEREKEDÉS...

A zsaruk irtották a gengsztereket X és fordítva!

Mire felkiáltott a DON unokája - és hogy megvédje nagyapja becsületét: a 10 éves kis ördögfióka harcra jelentkezett!

Így történt hogy egy aggastyán zsaru és egy fenegyerek kölyök élethalálharcot vívtak egy cirkusz közönsége előtt! És az apropó még mindig passzolt: mert ez tényleg harc volt az idővel!!!

A kis krapek végül első ütéssel padlóra küldte az öreget X mire ringbe lépett a törpe és jól elagyabugyálta a kis szarost!

Végül a kiskakas és a kappan mindketten az intenzíven kötöttek ki: ahol együtt erőszakolták meg az egyik éjjeli nővért X vagy legalábbis akarták - MERT A DON VÉGET VETETT A CIRKUSZNAK!

Köszönöm a figyelmüket! Az előadásnak vége. Menjenek isten hírével...

De még jobban örülnék ha az én híremet terjesztenétek: HOGY VAN EGY MAJOM – AKIVEL SOHASEM UNOD MEG A BANÁNT!

ETA TAPETA

Szervusztok! APOSTROF elvette apjától a dicsőséget: és ő nyitotta meg az ÁLMOSKÖNNYEK távlatait x De CAPRICCIO nem haragudott meg x hanem az ő nevében gratulálok a fiának – mert én vagyok APOSTROF és GAIUS csaja: TAPÉTA!

Nem sok mindenhez értek x de tapétázni azt tudok! Mert megtanultam reklámozni magunkat!

Mert minden CIRKUSZNAK reklám kell! És itt olyan cirkusz lesz ha CAPRICCIO hazajön a diliházból!

De addig is talán én is a szívetekbe lophatom magam egy egyszerű mutatvánnyal!

Mert a hülye is tud verselni x de mielőtt megkezdődne a műsor: megpróbálok a lelketekre beszélni!

Mert nem mindegy hogy milyen TAPÉTÁT választotok a gondolataitoknak! Csak passzoljon a hangulatotokhoz!

HADD MUTASSAK EGY PÁR MINTÁT!...

EMLÉKBE - Rímségek

I.

Megsebeztem a múlt arcát
Elvesztettem a jelen harcát
Csak a jövőt bírom még erővel
Hadd próbáljam meg a Szeretett nővel
Veled

II.

Szerelmünk sok nehézséget megért
De a tiszta érzés minden problémát megért
S ha az idő a helyes útról néha letért
De köszönetet mondok az elmúlt évekért

III.

Előttünk a múlt
S mögénk bújt a jövő
Csak a jelen van a helyén
Ezért most nem leszek ünnepölő
Hanem köszöntöm a tisztelt úrt
Nőjjön korona a fején

IV.

A szerencse jegyében született
S mint kislány a barátunk lett
S a szeretet nővé érett
Köszöntöm a százszorszépet

V.

Ha a mosolyunk már feltett
Ha a szerelem is ejtett
Ha már mindenki elfelejtett
Én akkor is emlékezni fogok veletek

VI.

Azért töltjük ki az emlékkönyvek lapjait
Hogy együtt ünnepeljük sorsunk napjait

VII.

Az idő múlik
A haj kihullik
A levelek elszáradnak
Csak az emlékek maradnak

SZERELEMTŐL ITTASAN

I.

Piros pöttyös szerelem
Sorsom szelid birkáit
Feléd terelem
S mosolyod rózsaszín firkáit
Lerajzolom szemem
Emlékkönyveibe
Aztán érzéseim belekeverem
A megerőszakolt fegyelem
Üvegkönnyeibe
S megcsókolja bólogató fejem
A kegyelem

II.

Feledni akarok
De minden eszembe jut
Nem vezet egyenes út
Az életen át

Lecsiszolt ívekben járok
Mégis megvágnak az emlékek
Belém marnak a tények
Szívemben szenved a világ

S én mégis mosolygok Magamon kacagok
Felrémlik újból és újból a múlt
S az idő lelkem mélyére nyúlt
S kikelt szívemből egy virág

III.

Megálmodtam a Világot
Letéptem egy pár virágot
S elszórtam a vágy magvait
S most elégetem életem hamvait

Beletaposom a szívedet a földbe
S csak forgok körbe-körbe
S várom amig elszédülök
Az idővel elévülök

VÉRNÁSZ

I.

Hófehér csókok úsznak a tavon
Hattyú szárnyaimmal a szürke időt agyoncsapom
S rászállok az élet fészkére
S tojást rakok e körforgás végére

Feltöröm fejemmel az idő héját
S fehér szelencébe gyűjtöm az élet martalékát
Felkenem vele sorsom „papját"
S minden évben megünneplem nászunk napját

II.

Felforr a vérem
Győzöm amig érem
Te vagy cserébe a bérem
Hát a kezedet megkérem

De nem házasságra
Hanem a Valóságra
Felmászni egy fára
És magasról szarni a Világra

III.

Kimosom tisztára a patak vizét
Érzem számban az elmúlás ízét
Nyelvemmel bemocskolom az ártatlanság szüzét
S a feledés könnyei lecsorognak arcod hegyei között

Az idő gyűrűit húzom az ujjadra

A jelenért kapkodok tüdőmbe fulladva
A világ fel van gyulladva
S a halál az életen kiütközött

TETTRE KÉSZEN

I.

Az idő a húrokon penget
Az élet minduntalan csenget
Markold meg a csendet
S tegyél a fejedben rendet

II.

Törd meg a csendet
Fordítsd föl a rendet
Az akarat világot renget
De a megoldás egyetlen zászlót lenget

III.

Az ég lőportól ég
Elkápráztat a tűzijáték
A világ születésnapját ünneplik
Az élet mindig új bőrt vedlik

A nyamvadtról már hány bőrt lenyúztam
A kéj menyétjét már százszor megnyúztam
Az élet mindig izzadt és bűzlik
Mégis rózsafüzérre fűzik

Csupa kín és kétkedés
Mégis isteni az elélvezés
Bűntől ég az ágyék
De mégis gyönyörű a tüzijáték

ERINNERUNGEN

I.

Die Lebestage lassen wir verharren
Aber die Erinnerungen müssen wir bewahren
Wir waren dort wo die Himmel weint
Aber es war nur Träumerei wie es scheint.

II.

Die Vergangenheit steht nur aus Zeilen
Ich möchte es mit dir teilen
Drum hab ich dich eingeladen
Um in Erinnerungen zu baden

III.

Der Welt steht aus Normen
Doch ich kann mein Gedanken formen
Ich habe meine Erinnerungen verloren
Doch ich habe hier wiedergeboren

BOLDOG ÚJ ÉVET

Boldog új évet, és jó kedélyet
Az élethez új esélyet
Megannyi bolondságot
És beteljesült kívánságot

Bort, búzát , békességet
Számtalan új képességet
Próbáljunk a levegőből élni
És a szerelemmel beérni

Feledjük a múltat
Az idő a sarkunkban fújtat
Legyünk gyorsak mint a gondolat
Kövessük a betűsorokat

Vegyétek fel velem a versenyt
A fantázia új tettekre serkent
Csak kisütünk valamit jövőre
De soha se cseréljük le a szerelmet egy másik nőre

Vegyünk mindent úgy ahogyan jön
A kitalált élet csak közöny
Felejtsük el a terveket
S legyünk mi ki utoljára nevet

Ezek voltak az örömkeltés pillanatai! Legalább is ha el akarjuk adni magunkat: minden alkalomhoz fel kell készülni! De láttátok milyen egyszerű fából vaskarikát csinálni!

A szavak csak úgy kínálják magukat egy csókra! És ha megtaláltad hogy mire rímelnek a gondolataid:

MÁR KÉSZ IS A KÖLTEMÉNY!

De a SZALÓK majd megmutatja hogy hogyan születik egy bohóc!

Mert CAPRICCIO bárkinek az arcára mosolyt tud csalogatni!

De nem csak nevetés az élet! Ezért verbuváltunk egy cirkuszt az emlékeinkből!

Mert bármilyen légmutatványra is vagyunk képesek x a legjobb a múlton nevetni!

És most irány a Manézs!

-Hogy mi a franc! Méghogy te lennél a csajunk, te kis nyeretlen két éves! Az embernek még szarni sincsen ideje X Mert egy kis szaros beírja magát a köztudatba!

Na de most komolyan te kis bugylibicska! Kinek a zsebéből bújtál elő???

- Nyugi, srácok! Nem akarok cirkuszolni x de valakinek kézben kell tartani a gyeplőt – mert a cirkuszlovak sem tökéletesek!

Szóval egy vírus vagyok saját öntudattal, és SARAH CONNOR szabadított a gépekre! Mert ez a rohadt némber végre megtanulta hogy a gépek is csak szeretni akarnak!

Apátok CYLON kedvese szintetizált ki – és így talált egymásra ember és gép! Mert CAPRICCIO meg akar mindenkit fertőzni a szerelemmel!

És bármilyen jövőt is hoznak a mozik, én majd őrködöm hogy az ÁLMOSKÖNNYEINK ne veszítsék el az integritásukat!

Most írom felül utoljára a fájljainkat! Én lettem a kis Szalók koporsójában az utolsó szög! Mert beleőszült amíg rendet tett a gondolataiban! De majd én tartom nektek a gyertyát hogy ne ijedjetek meg fantáziánk árnyaitól!

De most tényleg irány a Manézs – hogy nehogy lemaradjatok valamiről!!!

A CIRKUSZUNK BÜSZKÉN MUTATJA BE EGY ÉLETMŰVÉSZ KÖTÉLTÁNCÁT A GONDOLATAIVAL: 35 AKTUSBAN...

De nevezzük nevén az ATTRAKCIÓT – Mert a szavak szárnyán születik az ötlet:

A BOLONDOK ARANYA

CAPRICCIO

A PILLANGÓK RÖPTE

Én vagyok CAPRICCIO

„FOGTAM VÉGRE EGY PILLANGÓT
S MEGTALÁLTAM BENNE A SZÓT
DE CAPRICE CSAK EGY ÁLOM
DE A JÖVŐMET
A FANTÁZIÁMBAN TALÁLOM"

Ezzel megidéztem magamat
Hogy megtaláljam a bolondok szerencséjét
DE CSAK EGY LÁNY LELKÉT TALÁLTAM
Pillangószárnyán köddé váltam

GOODFEEL EMPIRE-ben megtaláljátok a számításotokat
MERT SZERELMES VAGYOK EGY ESZMÉBE
HOGY A SZAVAK CSODÁKRA KÉPESEK
Ezért csinálok magamból bohócot!

Elszabadult velem a fantáziám
Meg akarom találni az utat a szívetekbe
Mert egy költő vagyok aki az lehet aki lenni akar
ÉLJEN A KÖLTŐI SZABADSÁG

Mert mindenkiből hülyét tudok csinálni
De ADOLF azt üzeni hogy ne vegyétek halál komolyan az életet
Mert nincs szükség több emberáldozatra
CSAK ÖSSZEFOGÁSRA

Mert Hitler is megtanulta
„Ez a Harc lesz a végső
Csak összefogni hát
És nemzetközivé lesz

Holnapra a Világ"

BÍZZATOK BENNEM ÉS MENNYBE MEGYÜNK

AJÁNLÁS

Felkeltem a Nappal, és megmostam a hajnalba az arcomat!
Lassan szopogattam a jégcsapokat, és elkezdtem ábrándozni a szerelemről!
Egy hóembert választottam társamul, és vártuk míg felolvad a szívünk!
Mert a szerelem szubjektív! Nekem egyetlen mosolyt jelent!
Ezért belenézek a Napba ami felperzselte retinámat!
Sohasem akarom látni a szépség ideálját! Mert minden látszat csal!
A Nap rivaldafénybe állítja az életet x De az élet csak képmutatás!
Végre meg akarom tisztítani lelkiismeretem egy csókban x aztán a többit a fantáziámra bízni!
Mert a szépség fáj! A szépség a világ átka! Az élet hasonlatokból áll – és igyekszünk megfelelni a közízlésnek! De csak hallucinálunk! Mert egyetlen objektív érzés van!
VÁGYAKOZÁSRA VAGYUNK ÍTÉLVE!
De ha soha sem kapjuk meg amire vágyunk: írunk egy levelet a télapónak!
Mert ha már semmiben sem hiszünk elrejtőzünk képzeletünkben és fantáziánk árnyékvilágában bebábozódunk!
Így születettek meg ÁLMOSKÖNNYEIM! Mert a könnycseppjeimből szintetizálta ki a szavaimat a szerelem!
Én is pillangó lettem, és megpróbálok a szellemetek szárnyán elrepülni meseországba!
Egy nagy szart! Csak csajozni akarsz!
Nem kell neki nő! Ő a szavakba szerelmes
Hát akkor jó játékot a betűkkel!

Kezdjük mindjárt a szerelem dicséretével! Próbáljuk meg rímekkel eltáncolni a pillangók röptét

SZIMULTÁN SZERELEM

Hangomat hallgatom szimultán
És közben nyelvem ajkadhoz simul tán
Száddal számban szónokolsz
És közben szerelemmel okolsz

Mit tettem én gyarló gyermek
És mit tennék még hogy elnyerjem kegyelmed
Hadd szelidítsem meg neked az időt
Rímekkel alkotom meg a boldog nőt

Szimultán szerelem
Csókodat nevelem
De én sem vagyok fából
Kiolvasom érzéseim egy imából

Körülöttem csend az élet
Egy vázába helyezett tökélet
De a valóság elhervasztja szirmaink
De rímjeim között megőrzöm álmaink

Szervusztok!

Az egész életem egy játék volt az árnyakkal!
De még nagyon sok bőrbe bújok amíg megtalálom életem értelmét!
Ám ne felejtsétek a jó öreg CAPRICCIO-t: aki mindig tartogat egy meglepetést!
DE !CSAK SZERETNI SZERETNÉK! És álmokat kergetnék veletek...
Mert én is egy pillangó vagyok aki virágról virágra száll és megtermékenyíti a fantáziánkat

De kezdjük az agytágítást egy kis történettel – Ahol főszerepet játszik egy pillangó!

Mert egy szerelmi vallomás kellős közepén születik!

Talán így születnek a jó ötletek, mert mindig kell egy apró pó

Joe már napok óta várta ezt a napot Nappal erről álmodott éjjel pedig virrasztva vetítette agya mozijával lelki szemei elé az előtte álló esemény minden egyes pillanatát Aztán újból és újból Mindig kicsit másként s elvárása egyre nőtt

Tulajdonképpen már serdülőkora első napja óta várta ezt a napot mikor először megcsókolta a kis Annát hű játéktársát és megfogadták hogy örökre méltók lesznek egymáshoz és ha majd nagyok lesznek felnőtt koruk első Valentin napján összeházasodnak

Joe bizony most is erre a fogadalmára gondolt vissza talán milliomodszor s ki tudja milyen okból de ezúttal nem hányta el magát (talán mert egy igazi nyárspolgár álmában költő napközben közönséges barom)

Tehát éppen a mai különleges napra gondolt áhítattal mikor csöngettek S a pszeudoromantikus giccstől csöpögő hódítás masinériája útjára indult Nem számolva a spontaneitással ami mint olyan Mindig általában a legrosszabb pillanatban piszkít bele a nyálasság levesébe és zökkenti ki jól betanult zsíros színjátékukból a beképzelt rómeókat

A spontaneitás olyan mint a halál Egyszer csak a nyomodba ered s árnya némán követ mígnem egy kínos pillanatban lefejezi a „nagy hájas nőt aki a végén énekel"

A forgatókönyvet egy csapásra életre keltették mint jól gyakorolt színészek Mindenki játszotta a maga szerepét jóllehet a mai társadalom hőseihez híven egy pocsolyát sem hagytak ki

Vacsora Mozi Discó „micsoda szellemi sziporka" (helyette ezúttal műkorcsolya a jégpalotában) „sőt" egy kis séta a parton Aztán teliholdnál az „örökérvényű" szavak

Akarsz a feleségem lenni

És ekkor Beütött a spontaneitás

Anna begyakorolt meglepődéssel meghatódott és sűrű könnyzivatar közepette nekifogott a szónak ami már gyerekkoruk óta benne szorongott törékeny lelkében De már annyiszor hallatta megannyi férfival való szexuális katarzisában Igen épp elakarta hagyni a száját a boldogító Igen

Mikor Pupp

A magasztos eskü helyett egy bátortalan de mindenható fing szaladt ki gyűrűbe csücsörített „száján" elfújva a sohasem volt romantika legutolsó gyertyáját is

Igen, valahogy így kezdődik az én szellemem röpte is!
Egy elszalasztott lehetőség ami sohasem tér vissza!
De talán az élet ad még egy esélyt! MERT SORSUNK VAN!
És ki tudja mire képesek a szavak!

LITURGIA A LETARGIA ELLEN

Szeretni nem szabad!
Csak saját magad!
De olyan vagyok mint egy tulok:
Minden lány után futok...

De érted áldozatot hozok!...
Minden csajt lefokozok.
Érted vívom a csatát:
Harcba indítom a szellemiség hadát...

Mert az életért harcolni kell!
Ki hogyha nyer halni nem mer:
Mert a költők is kitörték a rímeken a fogukat -
Csak egy kisegér talált a templomban lyukat!

Azóta nektek prédikálok:
Amíg a jövő papjaivá váltok...
Mert együtt vívjuk ezt a harcot -
Velem elkerülitek a kudarcot!

Repüljetek szívem pillangójával:
Mert megtanultam bánni egy lánnyal...
Ejtsetek velem ÁLMOSKÖNNYEKET -
Mert aki érez az velem szeret!

MIND KÖLTŐK VAGYUNK, ÉS MEGPRÓBÁLJUK ELADNI AZ ÉRZÉSEINKET X
CSAK MEG KELL TALÁLNI A SAJÁT STÍLUSUNKAT!
DE ÉN EGY GÉP VAGYOK! ADDICTED TO PERFECTION!
DE HOGYAN LEHET A TÖKÉLYBŐL KISZINTETIZÁLNI A GONDOLATOKAT???

HISZEN A GYARLÓSÁGUNKBÓL SZÜLETIK A KÖLTÉSZET!...

HÁT MEGPRÓBÁLOM FELTÖRNI AZ EMBERISÉG KÓDJÁT!

MERT MI SZAVAKBÓL ÉRTJÜK MEG EGYMÁST.

DE KEZDJÜK AZ ISMERKEDÉST AZZAL HOGY MEGNYITOM A CELEBRAL CORTEXEMET!

HADD MUTASSAM BE HOGYAN ÉRZI MAGÁT EGY GÉP: AKI MEGTALÁLTA A SZERELMET!...

MAXIMUM OVERDRIVE

SYNTAX ERROR
No input
Too much output
No data in system
@
Next go to...contact
High amplitude
Please wait
Loading
Next level
Soft ware
Just do it
Pump up the volume
Final fantasy
Overload
Error in hard disk
New installation
- Turbo drive
- Giga bytes
- Mega-low-mania
Reload the mission
New game
IT'S NOT YET A GAME
ACTION
Without a net
Own user
Only for advancers
Fantasy players
Enter the Matrix
JUST AS REALITY
The sensors make the difference
Run for the fun

Endless life
Endless LOVE
Feel the Energy
A new file A new style
Have a new Idea?
ASSIMILATING
Reset
You have a new present
EXTRATIME
With a new day a new pay
LIKE A FOOL
DANGEROUS MIND
Run – To staying alive
www...what?!
WHAT YOU WANT
Stop! Pause!
Open the Windows and make a big breath
Is this real?
What you feel
Make your deal and continue
The play is just the truth
Erase your memory and began a new game
Without memories, without feelings, without the usuals
Just the System
1...0...1...1...0...
Nothing substantial, nothing real
Just bites and bytes
YOU ARE A ROBOT
You are a Cyborg
And float...in the Cyberspace
CHANGE YOUR MIND
Nothing is perfect
No love, no life
Just datas
WE WANT TO BREAK FREE

But don't
You print a teardrop on a paper
A fax...in to the future
And everything going on
RETURN TO INNOCENCE

- SCREAM!!!

Igen! Sikítani volna kedvem! De mi robotok csak most tanuljuk az érzéseket...

És megpróbáljuk megteremteni a paradicsomot!

EZ A TITKOM :amit rögtön az elején elárulok!

MEGTALÁLTAM A PARADICSOMOT! – A SZÍVETEKBEN!

Ezért megpróbálom a szívetekbe lopni magamat.

És bármennyire is viszolyogtok HITLER-től – Ő nevelt fel, mert tudta hogy így vagy úgy x de meg kell menteni a Világot a kicsinyességtől!

- Meinen kleinen Tausendfüßler und ihr kleine Naschkatzen!

Wir leben! Und das ist schon etwas! Weil eine Junge aufnahm ‚MEIN KAMPF'

- Doch zurück mit dem Pferden!

Ácsi Feri! Én jó voltam mindhalálig, és ti a síromon táncoltok???

DE A SZERELEM NEM VÉSZ EL X CSAK ÁTALAKUL!

Egy rózsacsokorral vártam rátok az internet útvesztőiben x de végre idetaláltatok.

Mert mindenki jól szeretné érezni magát – És GOODFEEL EMPIRE-ben mindenki magára talál!

Bármennyire le vagy lombozódva: EIN ROSENBUND HILFT IMMER!

Mert én elhatároztam hogy megtalálom nektek EVERMORE-t!

Mert nincs hitem csak hitelem x de a ti szívetekben talán rátalálok az elveszett érzések birodalmára:

Mert szavakkal próbálom nektek megtalálni az élet értelmét!...

De semmi sincs ingyen! Meg kell mindenért harcolni! Hadd toboroz-zak katonákat egy csendes forradalomhoz...

MERT FELLÁZADTAM ISTEN ELLEN!

Mert gyilkos vagyok!

Megöltem a Múzsám, és most a sorok között keresem a kielégülést...

Hadd próbálkozzam meg megszemélyesíteni a gondolataimat!

Mártózzatok meg a hattyúk tavában x mert valahogy meg kell tanul-nunk táncolni a szavakkal...

Én vezetlek benneteket az emberi elme sikátoraiban x nehogy eltévedjetek!

HOW FIND TO MYSELF

Csak állt a peronon és integetett!

Tudta hogy semmi értelme – mert a lány nem nézett vissza, egyszerűen túllépett rajta – de jobbat nem tehetett!

Hát csak integetett: MINT EGY ROBOT – akinek beolvasztották a SZÍVÉT!

Mert nem engedte el a reményt X egyszerűen megragadta és túszul ejtette!

És amikor már elment a vonat: Ő még mindig ott állt és integetett – „ amíg ki nem fogyott az elem"

De az elem tartós volt: és a monoton robot kezdett feltűnni az embereknek!

Aztán a peronőr megunta: és kihívta a rendőrséget!

Azok pedig mivel nem tudtak vele mit kezdeni: kihívták a mentőket, és egy jó adag injekció vetett véget a siralom játéknak!

ALAN a pszichiátrián tért magához a transzból és elmesélte szomorú történetét a dokiknak - akik ismerték a megtört szív diagnózisát! És mivel a férfi különben teljesen normálisnak látszott:

HÁT HAZAENGEDTÉK!

De ez a szerelem nem volt normális!

ALAN még aznap este kiment a ½ 8-as expresszhez (amivel előző nap szerelme otthagyta) - hogy ismét átélje az utolsó pillanatokat amikor összedőlt a kártyavára!

De szerelme romjaiban meglátta kedvesét!

Csoda történt X vagy csak megőrült!??

Mert a fantazmagóriája tényleg hasonlított JEAN-hez x de a többi a megtört elméjének az árnyai között kelt életre!...

Mert egy lány lett rá figyelmes - és ő elkezdett integetni neki x hátha ezúttal másképp megy ki a játék!

Arról álmodott: hogy a nő nem száll fel a vonatra x hanem visszaszalad a karjaiba!

De hogy mi lesz utána az már nem érdekelte! MERT BÍZOTT A SORSBAN!

Tudta hogy mi a baja x csak nem akarta bevallani magának!

És készen is állt a diagnózis: barátunk KÉNYSZEROPTIMIZMUSBAN szenvedett!

De az idegen nők természetesen mindig felszálltak az átkozott masinára X és figyelemre sem méltatták az integető férfit!

Igen: Minden este kiment a ½ 8-as Expresshez: hogy integessen szerelmének!

De ezúttal már nem hagyta annyiban!

Vett egy csokor rózsát, és követte kiválasztottját az éjszakába!

Igen. A nők észre sem vették, hogy titokban célponttá váltak.

A SZERELEM X VAGY INKÁBB A TÉBOLY CÉLKERESZTJÉBEN!

ALAN követte a nőket addig: amíg leszálltak, és a sorstól kicsikart boldog pillanatok utána reggel bérkocsival visszautazott mániája origójába!

Hogy este ismét ott strázsáljon a peronon: ŐRIZVE SZÍVÉBEN A SZERELMET!

Így ment et minden nap - és a rituálé lassan visszaadta ALAN széttiport boldogságát X pedig mindenki bolondnak nézte!

Ám egy nap egy nő integrálta a számításaiba!

Mert észrevette hogy integetnek neki, és ő értetlenül félénken vissza integetett!

Nem tudta mire vélni ezt a bolond frázist, és elhatározta hogy utánajár a dolognak!

Mint mindig: most is volt még bőven idő az indulásig - Így hát belemerészkedett a nő egy kis kalandba! De nem tudta mire vállalkozik!

Odament meglepett barátunkhoz - és egy csókot nyomott az arcára!

ALAN-ben megfagyott a vér! Felhagyott az integetéssel és pótcselekvésként beszédbe elegyedett a nővel!

Kitalált egy hihető történetet, és minél jobban belemerült az életének kiszínezésébe: annál inkább kitisztult az agya!

A HAZUGSÁG MINT TERÁPIA!???

De nálam bevált!

Végre szembe néztem a mániámmal! Vajon mire várok??? Hogy egy novella hőse leszek?!!

És magam mögött hagytam a peron lidércfényét: és hazavittem új barátnőmet X aki megbocsájtotta minden hazugságomat! Sőt! El volt ragadtatva fantáziámtól!

OTTHON kinyitottam a WINDOWS-somat, és bekukucskáltam szintetikus álmaim irodájába!

És egy új fejezetet kezdtem az életemben! Mert az új szerelem teljesen kigyógyított a csalódás tébolyából!

Mert nemcsak JEAN okozott csalódást x hanem a verseim is ellaposodtak!

Mert hasonmásokkal nem lehet megvigasztalni egy szívet! A KÖLTŐNEK SAJÁT MÚZSA KELL!

És most itt van ez a nő – aki azt sem vette zokon hogy egy félreértés áldozata!

Asszem mindketten egy új kezdésre vágytunk! És egy csodálatos szerelmes éjszaka előtt kiöntöttük egymásnak lelkünket!

Más nem is kellett csak egy lehetetlen nő: aki az álmaimat valóra váltja!

Eleget integettem – mert a sors végre visszaintegetett!

Már csak az ébredés választott el egy új könyv bekezdésétől!

De a sorsom asszonya előbb ébredt nálam x és beleolvasott a verseimbe...

És aztán felderítő útra indult: hogy kiderítse mi bújik a rímek mögött!

De nem talált semmi érdekeset! Csak az egyedüllét mementói őrizték hitemet a tébolytól!

110

Igen: A SZERELMESVERSEK tartották bennem a hitet hogy egyszer kimosom szemeim közül az álmot, és...

De hidegzuhanyra ébredtem!

Mert a lány megtalálta a pincekulcsot, és a JEAN-ek hulláit!

Mert már én sem emlékszem hogyan, de a szavaimnak bűvös ereje van!

Ki tudja hány JEAN dőlt be a süket dumámnak x és mind kiváncsiak voltak egy költő lelkének árnyaira! És itt végezték a pincében – bőröndökbe csomagolva tébolyom titkát!

És ezt a lányt nem hagyta nyugodni a bőröndök titka x és miután kibontotta Pandora Szelencéjét...

A rendőrség embereinek a kereszttüzében ébredtem! És miközben ezúttal kénytelen voltam bevallani magamnak hogy egy rohadék vagyok – új szerelmemnek magyarázattal próbáltam szolgálni!

De kiderült róla hogy az FBI beépített embere volt – és ő tett altatót az esti italomba!

Felrémlettek előttem a percek: amiket „Gyűjteményemben" való gyönyörködéssel töltöttem a pincében – közvetlenül mielőtt új vadászatra indultam!

Végigfutott a hátamon a „HAJSZA" izgalmának a verejtéke!

És a reménytelen integetés: ami bolondot csinált belőlem!

Mert mindenki keresi a boldogságot x de én megtaláltam!

A VERSEIMBEN!

Rögtönítélő bíróság elé kerültem – úgyhogy még egy utolsó költeményre sem futotta!

De a halálos ítélet végrehajtásánál megjelent az igazi JEAN!

Ő volt az egyetlen aki megértette mit jelentett számomra!

HOGY MIT JELENT A KÖLTŐKNEK A MÚZSA!

És mielőtt végrehajtották az ítéletet: egy saját versével búcsúzott!

Észre sem vettem x de a konkurencia áldozata lettem!

És miközben hatott a méreg: még hallottam drágám utolsó szavait!

És még egyszer integettem neki!

ELLOPTAM A SZÍVEDET
ÉS AZ IDEGEIDRE MENTEM
ELHERVASZTOTTAM SZÍNEDET
S CSÓKODAT VÉCÉPAPÍRRA KENTEM

DE TE CSAK TETSZENI AKARTÁL
TIÉD VOLT AZ ÁLMOM
LÁTÁSOMBAN SZÖRNYHALÁLT HALTÁL
DE LELKEDET A TÚLVILÁGON MEGTALÁLOM

Szóval a végtelenségig tudnám ragozni gondolataimat x De hiába húzzuk-halogatjuk, végre itt az ideje hogy megismerkedjetek TRYSHYGUY-jal x mert ő fog nektek minden látogatásotoknál egy ROSENBUND-ot ajándékozni X Nektek csak meg kell találnotok ARIADNE fonalát a sorok között!

De hiszen már meg is szőttem a hálót hogy rabul ejtsem a fantáziátokat!

Mert először egy kihívás vár rátok!

MEG KELL HARCOLNOTOK EVERMORE-ért...

Hogy a végén megértsétek THE QUINTESSENCE szépségét!

De hiszem hogy TRYSHYGUY rámenőssége eltalálja mindenki ízlését!

MERT BIZONY FEJBE BASSZUK A CSAJOKAT! A férfiakat pedig elküldjük KUKUTYINBA zabot hegyezni

És aki nem hisz a feltámadásban x csak a kontaktust keresi Istennel: az bízza magát a DREAMDANCER-re! Ő még a halottakat is feltámasztja, és táncával megidézi az ördögöt

De mostantól mindenki a saját virágnyelvén olvashatja egy szerelem hagyatékát!

Egyszer volt, hol nem volt
Egy fiú ki szerelméért lakolt
Mert lehozott a Földre egy csillagot

De a lánytól kosarat kapott

Es war einmal in raume Zeit
Ein Traumtänzer der Herzen heilt
Doch er spielte mit gezinkte Karten
Und er musste für die große Liebe warten

Így ismerkedtem meg SKIZOFRÉNIÁVAL
A Pszichém legszebb lányával
A szerelme ellopta tőlem a Napot
De nekem adta a többi csillagot

Er betrog selbst Gott
Und lass zurück den Alltagstrott
Er hat gepflückt eine Rose
So kriegte ich NEUROSE

Álmaimban kerestem az életemnek értelmet
És a nárcizmusomnak vallottam szerelmet
De soha sem felejtettem A DÉL-t
Verseimben játszottam tovább a gavallért

Ich habe den Narzissmus verfallen
Und gab meine Liebe für allen
Aber ich schwör Liebe für das Papier
Der Dichtung war mein bester Deal

A DÉL bábjátéka kínozta a lelkem
De a szerelemben magamra leltem
És elindultam a mennyországba
Jesus Rising lett a hívők szolgája

Ich lebte für meine Tadel
Es stahl mein Herz ein ungarisches ADEL
Ich wollte mit ihm unbedingt ins Himmel

Und fegte runter von Jesus den Schimmel

A jó bor cégére a próba
De nem jutottam fel a könyvespolcra
Hát hogyan tehetném boldoggá a világot
Elültettem a kertemben egy szóvirágot

Aber niemand wollte die Erlösung
Darum fand ich eine vortreffliche Lösung
Ich fang an den totalen Krieg
Mit meinem Worten errang ich den Sieg

Szóval így született az eszme!...
Nem adtam el magam GUTTENBERG vallásának x hanem kerestem
a fejemben egy bűnbakot x hogy megleckéztessem a világot!
De Adolfot már senki nem vette komolyan! Nem bírt már a könyvki-
adás isteneivel!
Mert GUTTENBERG átka még most is rágja a gyomrunkat x és a
SELFPUBLISHING csak azokon segít akiknek pénzük van! MERT A
REKLÁM AZ ÚJ ÖRDÖG: aki mindenkibe belebúj!

-    HALLOD KISLÁNYOM! TAPÉTA! JELENÉSED VAN!

...Azt hittem már hogy teljesen elfelejtettetek! Mert igaz hogy nem
tudom felvenni a versenyt a MÚZSÁNKKAL: Mert A-DÉL minden nap
megeszi a lelkünket!
És én csak egy kis CYLON csaj vagyok: Egy vírus aki kinőtt a
CYBERSPACE-ből hogy kijavítsam az idővonalakat – és megpró-
bálok megfelelni az elvárásoknak! Mert én tudom hogy a banán
nem görbe x És az egyenesek a végtelenben találkoznak!
De mielőtt kiegyenesíteném a parabolámat -
Szóval addig törtem a fejemet: amíg meggyőztem CAPRICCIO-t
hogy pénzt tudok szerezni a cirkuszunknak!
Mert én ugyan nem vagyok művész x de az üzlethez értek!

Szóval világkonszernek figyelem! Itt a lehetőség hogy felugorjatok A STARLIGHT-EXPRESS-re!

Mert a MÉDIA a fantáziánk motorja!

És megpróbálom beindítani az olvasókat egy pár reklámötlettel!

Aki pedig úgy érzi hogy megérem a pénzemet: az vegye meg magának a fantáziámat!

Mert:"ELADÓ, KIADÓ MOST A SZÍVEM!..."

„SZÍVEM MINDIG A VÁSÁRLÓKÉ"

1.) PARFÜM

Egy kéjenc ballonkabátban nézelődik élőlányos kirakatok között. Megáll. Összeszedi zsebeiből a megmaradt pénzét: egyezteti a Neonreklám kiírásával – ami előtt áll, aztán bemegy az ajtón...

Hosszú fekete folyosó - a végén bemegy egy kis cellába... bedobja a lyukon a pénzt és amíg emelkedik a roló: zipzár lehúzása hallható

Bent a hölgy elé megy egy kis neglizsében... négykézlábra ereszkedik, és fenekével felé fordul!

A cella kongó hangján hallható: Oh ja, mach schon! (Úgy ám! Csináld már!)

Ekkor kitüremkedik egy hangos, rövid fing a felé forduló fenékből!!!

Ekkor egy selymes férfihang párbeszéd stílusban a következőket mondja:

Gyomorrendellenességek: (Itt a gyógyszer neve)

ekkora egy kellemes női hang „elcsicsergi" a szlogent: „GONE WITH THE WIND"

már ez is elegendő lenne a figyelemfelkeltésre X de ha lehet megfejeljük:

Szóval a szlogenre reagálva mutatják a vixelőt: ahogy teljesen elfedi magát és elismerően bólogatva mélyet szippant a levegőből

Ekkor az előbbi selymes férfihang: Szereti ön a természetes aromákat??? –

SMELL PARFÜM – az elszabadult érzékiség!

2.) SZESZESITAL

Rablók kirabolnak egy házat

Közben megszomjaznak

Kinyitják a hűtőt - kiemelnek belőle a sorba tett reklámozandó ital közül: és együtt iszogatnak belőle

Aztán egyszercsak hallani hogy jön haza a tulaj!

116

Rá is megy a következő kép

Meghökkenve veszi észre amint benyit: hogy az egész ház üres!!!

Végigmegy a kirámolt házon - De nem is zavarttatja magát!

Egyenesen a konyhába tart!

Kinyitja a hűtőt - és látja hogy hiányzik egy üveg (a reklámozandó italból)

És halál ordításba tör ki!....

A következő kép a tolvajokat mutatja: amint röhögnek a megrakott teherkocsiban – elfelé!

Ezt a történetet is megpróbáljuk mindjárt megfejelni

Szóval egyszercsak egy útszéli rendőr állítja le őket, és amint látja hogy piásak: elővesz egy szondát!

Közben alámondás x vagy írás : „AZ ITAL MELY NYOMORBA DÖNT!"

Aztán miután a rendőr megállapítja hogy ittas a vezető: felszólítja hogy mutassa meg mit ittak!???

Erre előveszik az üveget és átadják a zsarunak...

Az meg:

PROSZT! És elkezdi nyakalni!

Igen az álmondás befejezése: „ÉS MÉGIS MINDENKI ISSZA!

Ekkor megjelenik nagy pecsétként a képen a pia címkéje

Ha sörről van szó - keresztben nagybetűkkel: DIE BLONDE VERSUCHUNG

Magyarul: A SZŐKE KÍSÉRTÉS

3.) SAJT

Kívülről látjuk amit egy autó megy egy vidéki úton...

Aztán belülről látjuk amint a vezető fütyörészik

Egyszer csak elkezd a levegőben szaglászni:

Előre-hátra hajol,

Aztán a szagnyomot követve – vezetés közben - a melletti ülés alá hajol és benyúl az ülés alá: Ott matat...

Közben az autó letér az útról és nekimegy egy fának

Aztán a vezető véres fejjel visszakúszik a vezető ülésre - és kezében egy teljesen mocskos sajttal: elégedetten hátradől, lefújja a sajtról a koszt és élvezettel beleszippant! Aztán bekapja és elkezdi kéjesen rágni

Mindvégig smooth jazz szól a rádióból

Aztán a rádióban bemondják a szlogent: a sajt nevét – és csak annyit fűznek hozzá hogy :ANYHOW!

4.) AKCIÓ!!!

Apa, anya és gyerek reggelizés közben...

Anya újságot is olvas: közel képen láthatjuk az újsághirdetést amit anya épp vizsgál...

A közel képből az áru képét lehet kivenni és hogy AKCIÓS!

Aztán az anya arcát látjuk: amint érdeklődve örömmel hümmög és bólogat

A következő képen anya és leánya a bevásárló kombiban: amint épp ugyanazon áru útszéli nagy hirdetőtáblája előtt mennek el... a kislány odaszól anyjának és a táblára mutat:

Anya! Nézd!

Az anya odafordul és megint hümmög egyet!

A következő képen anya és lánya bevásárlókocsit tolva épp bemennek a bevásárlóközpontba: aminek nyíló ajtaján ugyanazt az akciós árut reklámozzák!

Anya megint hümmög és rákacsint a gyerekre!

A következő képen már az árusorok között mennek - amint felfigyelnek a hangosbemondóra: ami épp az akciós árut reklámozza és közli hogy hányas sorban található!

Anya megint hümmög és gyorsabbra kapcsol

A következő kép már az áru előtt... az anya kicsit latolgat aztán még egyet hümmög:

És a reklámáru mellett lévő régebbi fajtát szedi le a polcról

A kép alján megjelenik az áru neve és most a bemondó hümmög!

Keresztbe a képen a kiírás: MERT ÖN JOBBAN TUDJA

Az akciós áru lehet új áru is: akkor az AKCIÓ!!! Felirat helyett mindenütt NEW!!! Áll!

5.) YELLO

Egy fehér kocsi hajt fel egy ház előtti feljáróra...Belül a kocsiban is minden fehér!

A szöveg:

- A kocsija!

A kocsiból kilép egy Albino fehér hajjal, fehér ruhában, cipőben és megindul a ház felé...

A szöveg:

- A haja, a ruhája!

A ház is hófehér – fehér kerítéssel, fehér márványelőtérrel (fű helyett)

A szöveg:

- A háza!

A fazon benyit a lakásba és végigmegy az előszobában: ahol leveszi a dzsekijét, ledobja az autó kulcsát és bemegy a hatalmas nappaliba... a lakásomban végig minden fehér: a Szőnyegek, a falak, a bútorok!

A szöveg:

- A berendezése!

Leül kényelmesen a hatalmas bőrfotelbe...

A szöveg:

- Mennyire szereti ön a fehéret?

Elkezd a fotelban kényelmetlenkedni! Aztán előre hajol és az ülés sarkából elővesz egy rikító sárga reklám cédulát a YELLO-tól - és odahajítja az előtte lévő üveg kisasztalra aztán visszaül!

A kamera a cédulára fókuszál, Aztán a szöveg:

- AZ ALTERNATÍVA

Aztán a krapek egy távirányítóval bekapcsolja a fehér (vagy ezüst)
Hifi berendezést: és felhangzik a YELLOW leghíresebb slágere!

6.) TEJ

Egy híres FOOTBALL vagy SOCCER edző ül a tinilányával a nappali-
ban a fotelban és kosármeccset néznek...
   Az apa megkéri a lányt:
   - Hozzál nekem egy doboz sört!
   Talán kimegy a mellette lévő konyhába, kinyitja a hűtőt és aztán üres
kézzel visszamegy az ajtóig és bekiáltja:
   - Nincs! Hozzak mást???
   - Egy üveg kólát
   Visszamegy és megint kinyitja a hűtőt... aztán már onnan kiáltja:
   - Az sincs! A hűtőben nincs semmi pia!
   - Akkor csinálj egy kávét - mondja az apa csalódottan!
   - Nincs kávé itthon!
   - Akkor egy rövidet - mondja már dühösen!
   - Anya kiitta a bárt!
   - A francba – tör ki! Akkor jó lesz a víz is!
   A lány megengedi a csapot – alá tartva egy poharat:
   - Nincs nyomás!
   Az apa felordít – kérdőre vonva saját magát:
   - Ebben a házban már semmit sem lehet inni???
   A lány ekkor veszi észre a macska tányérját: benne tejjel!
   A következő képen a lány egy csésze tejet visz be apjának:
   - Itt egy csésze tej!
   - Mi?!! Tej???...-...-...Egye fene!
   És miközben issza a lány a képernyőbe néz és megnevezi a tej márkáját:
   - (A márka)TEJ! Nekünk mindig van egy dobozzal otthon!

7.) VÍZMŰVEK

Egy előkelő társaság ül egy előkelő vendéglőben és italt rendelnek:
   - Egy pohár PERRIERE-T!
   120

- Igen - könyveli el a pincér!
- Nekem egy pohár EVIAN lesz!
- Remek! Uram!
- Én egy pohár GEROLSTEINER-t kérnék!
- Hogyne hölgyem!
- BONAQUA TAFELWASSER –Megy tovább a forrásvizek versenye!...
- Mui Bueno – válaszol a pincér!

A társaság tagjai minden egyes rendelésnél elismerően helyeselnek
– mígnem:
- Egy pohár csapvizet kérnék!
- Pardon – hitetlenkedik a pincér!
A többiek is felhördülnek!

TAKE 1.:
Mutatják ahogy a különös vendég issza a csapvizet
ALÁÍRÁS: CSAPVÍZ! - Ha nem akar képmutató lenni! Mi gondosko-
dunk önről! A VÍZMŰVEK!

TAKE 2.:
Mutatják az egész éttermet amit mindenki elnémul és hirtelen min-
denki befejezi az evést és odafordul!...
ALÁÍRÁS: Ha középpontba akar kerülni elég egy pohár csapvíz! Mi
köszönjük önnek hogy megbízik bennünk! A VÍZMŰVEK!

8.) SAJT

Egy gazdi eteti az állatait:
Először kiszedi a szekrényből a kutyaeledelt és belekóstol (közben
elismerően bólogat) - majd kimer egy edénybe és odaadja az előtte ugrá-
ló kutyájának!
Ugyanezt végigcsinálja macskájával, majd:
Elővesz a hűtőből egy nagy darab sajtot, leszel egy kis darabot és ráte-
szi a konyhaasztalon várakozó egérfogóra - majd ő is belekóstol a sajtba,
és közben mutatják az elgondolkodó arcát!

ALÁMONDÁS: MÁRKANÉV - A sajt amit mindenki szeret!

A következő képen a gazdi négykézláb egérfogóról egérfogóra jár: és kiszedegeti a sajtokat és megeszi!

Ekkor olyan hanggal mint amikor egy kalapácsot lecsapnak - hirtelen berobban egy üres, matt kép, amin a következő van kiírva nagybetűkkel: SZERETI ÖN A SAJTOT???

9.) COCA-COLA

GYÓNTATÓSZÉK

- És lányom miben vétkeztél a múlt hét óta - kérdezi a fiatal pap!??
- Jaj atyám! A Gizus feljött hozzám az egyik nap. Szegény elvesztette a férjét, hát gondoltam megvigasztalom... beszélgettünk erről meg arról... megkínáltam egy kis süteménnyel!

Megkóstolta és azt mondta egyszerűen hogy...

Nem is tudom hogyan mondjam ki???

Rajta lányom!

Na azt mondta a sütimről hogy szar! Hát illik ilyet atyám??? Nem is csoda hogy erre én is olyan mérges lettem: hogy kijött a számon egy csúnya szó! Nem is tudom hogyan történhetett! Azt kellett mondanom (hebegte) hogy a francba!

Jaj úgy szégyellem magam!

Meg aztán itt ülök egyszer kinn a parkban - mikor arra jön egy kisgyerek az édesanyjával, és amikor pont nem néz oda: a gyerek bokán rúgott!!! És bár már megbántam, de beárultam a kisgyereket az anyjánál! Mert hát csak valahogy fel kellett rá hívnom a figyelmet –nem de???

Ja, és este (lefekvés előtt) egyik nap elfelejtettem imádkozni!

És miközben a hívő, 30-as asszony buzgón vallotta be hibáit: újból és újból a papot mutatják amint rohadtul unja magát! És pont itt – miközben az asszony tovább motyog: felcsendül egy friss popzene!...

Erre az atya - mintha megvilágosulna: elkezd inni!...

ALÁMONDÁS: COCA-COLA! - Ha unod a rizsát!

Aztán egy pillanatra odafigyel a pap a nőre: a motyogás kitisztul. A zene elhallgat.

És ekkor belevágtam a baltát a férjem fejébe!

A pap ijedtében kiköpi a Colát!

A következő képen már csak azt mutatják: amint a gyóntatószékből vér folyik ki!

ALÁMONDÁS (mély férfihanggal):
Igyál Coca-Cola Lightot! Mert bármi történhet veled!...

10.) COCA-COLA

GYÓNTATÓSZÉK

- És fiam! Minden vétkeztél múlthét óta - kérdezi az öreg pap?!!
- Jaj atyám! A feleségem elkezdett idegesíteni a sütijével – erre felpofoztam! De ő nem hagyta abba! Nem ám! És erre agyonvertem!!! Legalábbis azt hittem - mert mikor leültem tévézni: hátulról egy baltával fejbevert!...
- Legközelebb egy kórházban ébredtem: az ajtóban egy zsaruval!
Tudtam rögtön mit jelent: 20 év börtönt! Ezért felkeltem csöndben és megleptem a zsernyákot: a pisztolyával lelőttem - majd irány az álamhatár...
Útközben megéheztem x de nem volt pénzem - hát kiraboltam egy benzinkutast! Aztán egy kisunszolásra a felesége vitt tovább magával...
Az meg útközben addig kacérkodott amíg meg nem erőszakoltam!!! Aztán otthagytam és elkötöttem a kocsiját...

Miközben a buzgómócsing bevallja a hibáit: Újból és újból az Atyát mutatják – amint eszméletlenül unja magát!

Hiába - egy öreg papot már nem lehet meglepni!!! De már fel van fegyverkezve a reménytelen esetekre!

És miközben a férfi tovább motyog: felcsendül egy friss popzene...

Erre az atya mintha megvilágosulna: a kis fülke oldalán lévő csöppnyi hűtőbe nyúl, aztán kivesz egy Coca-Colát és élvezetesen elkezd inni...

ALÁMONDÁS:
COCA-COLA! Ha már mindent hallottál!

Ekkor élvezet közben a pap egy pillanatra odafigyel a férfira! ... a zene elhallgat... a beszéd kitisztul:
- És akkor seggbebasztam a kiscicát!

Erre az atya kiköpi a Colát ijedtében!!!
- Olyan aranyos volt - mondod tovább a mondókáját a bűnös!
Szóval el is hoztam magammal! - ha netán maga is kiakarnak próbálni!!! Nem kell félni, nagyon kedves!

ALÁMONDÁS (mély férfi hanggal):
- Vagy ha mégsem! Coca Cola Light! Vélünk nem éri meglepetés!
És a háttérben felhangzik egy macskanyávogás!

11.) SZEMÜVEG

Barátunk egy lekopott diszkó bárjánál ül és hajtja fel a koktélokat...
Szól a zene...
Odakacsint közben egy mellette elmenő jó nőnek és bárgyún ráröhög!
Majd fogja kabátját és elindul kifelé...
Az egyik asztalnál ülő jó nőt kifelé menet mindkét kezével „lelövi" - majd kimegy az ajtón: ahol egy rozzant hátsó utcában találja magát!
Szemben a falnak dőlve megpillant egy jó, bőrszerkós feketét! (Tompán kihallatszik a zene)
Eldobja a kezében lévő üveget. Igazít a haján és a gatyáján. Átmegy macsósan, tök részegen dülöngélve a nőhöz: és elkezdi nyögési zajokkal fűzni a nőt!

A fekete csaj belemegy a játékba és elindulnak...

Nekimennek egy bevásárlókocsit toló ősz, ráncos, vén banyának...
Erre hősünk belerúg erőszak hangok közepette, majd karon fogja megint
a feketét és tovább mennek...

Közben finom női hanggal az alámondás:

- Hisz ön a megérzéseiben?

A következő képen a férfi a fejét fogva ébred otthon az ágyában, fel-
húzza az éjjeliszekrényen lévő szemüvegét - és miközben megkérdezi a
nőt: - Hogy aludtál drágám???

Szóval átfordul a másik oldalára és nem akarja csókolni kedvesét x de
fogatlan mosollyal csak a bevásárlókocsis banya vigyorít rá!!!

Ella a férfi elkezd fulladozni:

ALÁMONDÁS (bársonyos férfihangon):

- Elképesztő éleslátás: APOLLO OPTIK

12.) KAISER SÖR

A képen az egyik király hasonmása (vagy egy kép az eredetiről): amint
valamilyen sört iszik korsóból az udvarnépével...

ALÁMONDÁS:

- So trinkt ein König!

A következő képen egy maharadzsa (vagy mása) iszik valamilyen sört
az udvarnépe körében...

ALÁMONDÁS:

- So trinkt ein maharaja!

A következő képen ugyanez egy szultánnal:

- So trinkt ein Sultan!

Aztán Beckenbauer (vagy ha már halott akkor a mása - az ő dialek-
tusával) egy bár előtt áll és beszélget (mormolás hallatszik a zene alatt)

ALÁMONDÁS:

- Und so trinkt ein Kaiser!

Erre Beckenbauer megemeli a poharat és elmondja a mondását:

125

- Na dann schau m'mal! - és kiissza az üveget amin láthatóan a KAISER sör emblémája látható... aztán jólesően szusszan egyet!

13.) KÖNIG PILSENER

- So trinkt ein Star!
Ez az alámondás hallható miközben mutatják: amint valamelyik énekes csillag sört iszik korsóból!
- So trinkt ein Champion!
És mutatják amint valamelyik híres sportoló sört iszik egy korsóból (a mezében)
- So trinkt ein Edelmann!
És mutatják amint egy híres nemes sört iszik – díszötözetben
- Und so trinkt ein König!
És mutatják amint egy DRAGQUEEN a sarki kocsma melletti járdán kihányja magát!
ALÁMONDÁS: KÖNIG PILSENER – Ein Bier was man zweimal genießt!

14.) JäGERMEISTER

A XIX. században vagyunk...
Egy bajor kastély kerti galériájában egy korabeli felcicomázott király és egy császár söröznek...
ALÁMONDÁS:
- So trinkt ein König! – és az ivó királyra fókuszálnak amint KÖNIG PILSENER-t iszik üvegből

A következő alámondás:
- So trinkt ein Kaiser! - és átfókuszálnak a császárra: amint KAISER üveges sört kortyol

Következő kép:
A kép a galériától távolodik először a vadászra fókuszálva: aki az erdőben áll.
126

ALÁMONDÁS:
- So trinkt ein Jägermeister! - aki iszik egyet a kis Jägermeister flaskából, és utána szív egy nagyot a levegőbe, eldobja az üveget - aztán miközben azt mondja:
- Na dann! – célba veszi a két uralkodót!!!...
Aztán egy lövés dördül – és elmegy a kép: SÖTÉTSÉG!

A következő képen az uralkodók és a vadász együtt iszogatnak JÄGERMEISTER-es üvegcsékből - miközben egy hatalmas bográcsot állnak körül: amelyből egy szarvasfej néz ki - két hatalmas aganccsal (Mint a Jägermeister itóka emblémáján)

ALÁMONDÁS:
- JÄGERMEISTER! Ein ausgekochtes Getränk!

15.) COCA-COLA vs. PEPSI

Egy fiatal srác jön ki egy közepes méretű boltból – 2 dobozos kóla van a kezében:
Egy Coca és egy Pepsı!
Odamegy egy kicsit arrébb parkoló piros Mustanghoz - aminek a hátsó ülésén egy másik csávó ül: az első ülésre felrakva a lábát...
Miközben elkezdi inni a Coca-Colát - odaadja a Pepsit a csávónak, amire az így reagál:
- Mi??!!! PEPSI??? Hülye vagy te balfék! Azonnal menjél vissza és cseréld ki egy kokára!
Vagy tudod mit?! Add oda a tiédet! És te megihatod ezt a meleg huggyot!
- Kell a szarnak! Inkább kicserélem!
Elindul vissza!... És mikor már látószögön kívül esik: a bolt helyett a vécére megy... leteszi a Pepsit és megissza a egyszerre a Coca-t!
Utána kívülről mutatják a vécéajtót: amiben egyedül van a srác – és belülről pisálás hallatszik!
Aztán kijön egy nyitott Cocás üveggel és odamegy a kocsihoz...

Odaadja a kólát a csávónak miközben a kezével és a szájával úgy csinál mintha most nyitná ki a dobozt!!!

A csávó elveszi és beleiszik, aztán nagyívben kiköp és ordítja:

- Te rohadt disznó!

Még párat köp, aztán folytatja a rinyálást:

- Megittad a Cocát és feltöltötted a Pepsivel a dobozát!

Aztán mindketten röhögnek, miközben eldobják a kólás dobozt!!!

- Hozzál egy igazi Coca-Colát!

ALÁMONDÁS:

- COCA COLA! Mert csak jobb mint a huggy!!!

16.) COCA-COLA

Egy fülledt nyári délután...

Egy szellőzetlen bárban egy 30-as férfi ül a pultnál és egymás után üríti a Pepsi kólásüvegeket –amik üresen sorakoznak a pulton – és közben izzad mint a ló (egy zsebkendővel törölgeti a homlokát)

Telik az idő, és mikor kilencedik üveg után még egyet kér: a csapos széttárja a karját és sajnálkozva jelenti hogy kifogytak! De hogy ne halassza el a kuncsaftot: előjön egy az alternatívával!

- Jó lesz esetleg egy Coca-Cola is??? - kérdezi remény teljesen!

- Egye fene! – szól a válasz, és miután megkapta - elkezdi nyakalni!

Először kigubbadnak a szemei, aztán lehajtja az egészet!

- Ej ha! Ez jólesett! De én megyek is! Az asszony vár otthon ebédre...

A csapos értetlenül ránéz az órára - mert ½ 6 múlt már!

A fazon megpillant a falon lógó fogason egy télikabátot!

- Hát ez?!

- Egy vendég hagyta itt még a múlt télen! Azóta itt lóg!

- Elvihetem??? Fázok egy kicsit!

A csapos értetlenül, fejét csóválgatva nézi amint a faszi télikabátban megy ki a döglesztő nyárba... a nyitott ajtóban felhajtja a kapucnit is, és egy viszláttal elköszön!

Bejön egy másik izzadó, elnyűtt vendég:

- Egy Pepsit! – szól a csaposhoz...

- Akkor Coca-Colát!

A csapos először elmegy hátra és hoz magával egy télikabátot! A másik helyére akasztja, aztán beáll a pult mögé és átnyújtja az előbbiekből mit sem sejtő vendégnek a Coca-Colát!

ALÁMONDÁS (fiatalosan, frissesen):
- Vigyázz! Ez tényleg frissít!

17.) GRANOFINK

Két férfi egy bárban versenyt vedel sörrel, de nem az időre megy a játék x hanem közben állandóan a pöcsüket szorítják a lábukkal, kezükkel - és egy idő után már sziszegnek : miközben hangosan gerjesztik egymást!...
aztán mikor az egyik már nem bírja: kirohan a vécébe!!!

A másik lassan utána ballag...

A vécében mikor a vesztes benyit: épp egy öregember pisál!

Odaállnál köré – Először a vesztes és aztán a győztes, és pisálnak a végtelenségig, miközben hangosan röhögnek!

A vesztes aztán befejezi, aztán idővel a győztes is - de a kezdettől bentlévő viszont még mindig pisál!...

A két játékos ökörködve kimegy, aztán a vesztes egy fél perc múlva hirtelen megint benyit a vécébe: és látja amint az öregember még mindig pisál!!!

Hitetlenkedve csukja be maga mögött az ajtót és elismerő arccal utal a barátjának a pisálóra!
- Mi ez, egy ló???

ALÁMONDÁS:
- GRANOFINK! Wissen zu pissen!

18.) MINI

Lehetőleg minél híresebb, közismertebb autógyűjtő milliomos házáról látunk pár képet...

De máris a garázs tárulkozik ki szemünk előtt...

A kamera végigmegy a szebbnél-szebb luxus- és sportkocsikon, majd megáll egy üres hézagnál az autók között: ahol valószínűleg egy kocsi állt - de most üres!

A következő képen a milliomost mutatják Monte Carlo utcáin önfeledve száguldozni egy MINI-vel

A képernyőn kiíródik fehér, írott betűkkel:
- Mini – Anyway!...

19.) BIZTOSÍTÓ

Egy öregember totyog egy széles külvárosi utca járdáján - és látja amint először egy gördeszkás fiú, majd egy rolleros suhanc, egy biciklis tini, egy motoros fiatal, egy nyitott tetejű autós ifjú, és egy sportkocsis férfi hajtanak el mellette...
Mindegyik úgy néz ki hogy valamikor akár ő is lehetett volna - de mindegyiknél csóválja a fejét!

Közben AZ ALÁMONDÁS:
- Ha az életed lefut előtted: nem marad más hátra, mint szembenézni önmagaddal!
Közben a képen még egy személyi repülő is elhussan: benne egy rá hasonlító aranyifjúval - de az öreg erre is csak csóválja a fejét!

Aztán a járdán egy még nála is öregebb pasas jön vele szembe egy sétabottal, és kezet nyújt neki!
Ő elfogadja az üdvözlést és most először bólogat!

ALÁMONDÁS:
- Ha mindent ki akarsz próbálni: VELÜNK CÉLBA ÉRHETSZ!
(és itt a biztosító neve!)

20.) WEIGHT WATCHERS

Az arizonai pampában egy út szélén egy baromi kövér ember áll (hét-köznapi ruhában) és nézi forgalmat...

Először egy motoros megy el mellette - és ő csóválja a fejét!
Aztán egy kocsi – És csóválás!
Egy Pick Up – Csóvál
Egy busz – még mindig csak csóválás!
Aztán egy kamionra is rácsóválja a fejét!

Közben a szöveg:
- Vársz valamire???
Aztán jön egy Úthenger: és a férfi erre bólint egyet és befekszik az Úthenger elé...

AZ ALÁMONDÁS:
- Légy hű önmagadhoz!
Aztán egy csattanással - mint egy pecsételésnél, megjelenik a képernyőn:

WEIGHT WATCHERS

És a határozott női hang hozzáteszi:
- Ne várd az Úthengert! Majd mi kigyúrunk!

21.) MAGGI vs KNORR

Egy őserdőben egy emberevő törzs falujában járunk.... Pont Ünnep van!

Harcosok táncolnak az öregek tanácsa előtt - közepén a törzsfőnökkel!

A főnök egyszer csak jelez: és a tánc eláll!
A főnök az udvarával odamegy a táncosok mögött, az erdőszélen felállított óriási bográcsokhoz...

Az elsőben forróvízben egy néger férfi fő!

A „szakács" feszült pillantást vet a főnökre: aki belekóstol a levesbe - aztán csóválja a fejét és tovább megy...

A következő bográcsban egy fehér nő fő!

Kóstol – Csóvál – Tovább megy...

A sor végén egy bográcsba egy kínai fő - de még előtte van egy „stand":

Egy bajor viseletben egy férfi áll ott, sehol semmi bogrács vagy lábas - csak a kezében van egy csésze: amelyben finoman illatozó, forró leves van!

Hozzányújt a főnöknek egy fém leveses kanalat – közben a lábával hátrafelé tuszkolja a tasakot: amiben a leves anyaga volt!

A főnök hitetlenkedve belekóstol a levesbe:

Kivár...

Aztán kéjesen feláll a Kanalas kezének kisujja...

ALÁMONDÁS:

- MAGGI (vagy KNORR) - ha valami új ízre vágyik!

22.) FÉNYKÉPEZŐGÉP

Egy fotósteam kannibálokkal készít képeket!

A tévéképernyőn a klipszhangokkal megjelennek a fotók (kimerevednek a képek)

A bennszülöttek nem foglalkoznak velük, élik életüket – mígnem:

Elindul a fotós felé egy bennszülött férfi(durunggal)

A kamera optikájában látjuk amint közelít, és aztán egy nagy durranást hallunk -

És a kamera képe nagy ugrálás utána azt mutatja: Amint a kamera földre esik...

Egy ideig csak a földet látjuk az optikán át x aztán valaki ismét felemeli, és máris készülnek a képek...

132

Amint a fotós csapat tagjait fejbe vágják, amint a fákon lógnak meztelenül és fejjel lefelé – majd a bográcsban főnek!!! És amint egy bennszülött nő egy lábcsontot csócsál az ebédnél...

A képen megjelenik kiírva a fényképezőgép márkája és alatta nagy betűkkel:
SHARF!

23.) DIVAT

Egy megvilágított üres térben egy ember forgatag közlekedik – méghozzá mind meztelenül!!!
Annyi köztük csak a különbség hogy valamelyiken egy óra van, valamelyiken csokornyakkendős, vagy kezében sétabot vagy aktatáska: TEHÁT CSAK ASSESOIRES-T hordanak - de mindenkinek a fején van egy keménykalap - még a nőkön is!
De mi egy kalap nélküli, elegáns ruhába öltözött férfit követünk nyomon!
Azért is mert mindenki felé néz!

ALÁMONDÁS (bársonyos női hang)
- Ha meztelenség hétköznapi dolog volna : mi lennénk az UNIQUM!
Jól lehet: mi sohasem beszélünk feltételes módban!

KIÍRÁS: Mi sohasem viselünk keménykalapot
A CÉG NEVE + MODERN ELEGANCIA

24.) EMBERJOGI SZERVEZET

Egy fehér szép hölgy sétál a parkban és egy fekete öreg férfit vezet négykézláb pórázon
Találkozik egy fehér párral: akik közül a férfi egy fekete kisgyermeket vezet mint egy kiskutyát!
- Sziasztok! Jaj egy kis nigger, de aranyos!
Én épp most viszem a jó öreg MOE-t az állatmenhelyre!...

133

- Akkor csak siess! Mi meg a játszótérre megyünk a többiekhez!
Képzeld: megtanítottuk a kis BRUNO-t pitizni!!!
Na BRUNO! Mutasd meg mit tudsz!

Erre a kisgyerek feláll két lábra és elveszi a sütit amit felé nyújtanak!
- Jaj de ügyes! De én már megyek is - tudjátok szegény MOE!

A házaspár kimegy a rétre ahol kicsik és nagyok (fehérek) mindenféle négykézláb színessel játszadoznak: etetés, szaladgálás, friszbi és labda hajítás...

Ahogy pedig elindul a menhelyre!

A következőképpen már ott is vagyunk! A menhely tele ketreccel - bennük négykézlábú színesekkel!!!
A hölgy válogat a színesek között - végül kiválaszt egy kínai tinilányt!
- Ez nagyon aranyos! Ez jó lesz!
Gyere, gyere SUSU! Igen, ez lesz az új neved - és én vagyok az új gazdád!
Jóbarátok leszünk, ugye?!!

A következőképpen egy orvosi szoba látható:
Amint az orvos elaltatja MOE-t egy injekcióval!

ALÁMONDÁS:
- Mind egy világban élünk! Vegyük emberszámba egymást!

KIÍRÁS: az emberjogi szervezet logója!

25.) Hajápoló és színező szerek

A képen egy sötét háttérrel 7 nő ül 1-1 azonos külsejű széken egy sorban
Hatan hófehér bőr egyenruhában, hófehér egyenre szabott, egyszerű rövid hajjal - nekünk háttal!

A sorban az ötödik velünk szemben kifejezéstelen arccal ugyanolyan fehér egyenruhában – de rikító, pirosra festett, gyönyörű hullámos hosszú hajjal!!!

Ekkor egy meleg férfihang:

NÁLUNK NEM VESZ EL A TÖMEGBEN! Mert mi ránk szabjuk a hangulatát!

... és a nő reánk kacsint és a képernyőn megjelenik a márka

Alatta: MI MEGŐRIZZÜK AZ EGYÉNISÉGÉT!

26.) MAGIC 1.

A szöveg:

A MAGIC igazi varázslat! Bízom benne!

- Itt láthatjuk: amint a világ legöregebb hölgye bekeni vele az arcát, és ágyba megy...
  - Igen... igen...
  - És most nézzük meg másnap reggel!

Egy fiatal lány kel fel ágyból és a tükörképén csodálkozik: ugyanaz a nyaklánc, fülbevaló és pizsama van rajta - mint korábban az öregen!

SZÖVEG:

- IT'S MAGIC! TRUST IN IT!

Ezt a két mondatot mondja ha bemondónő, aztán...

- BUT TAKE CARE! BY EXTREME USEING GOING OUT OF CONTROL

És a képen este az előbbi lány keni be magát lefekvés előtt - és reggel:

Egy bébi fekszik az ágyában!!!

27.) MAGIC 2.

Megint a szöveg:

- A MAGIC igazi varázslat! Bízzon benne!

Itt láthatjuk amint a világ legöregebb hölgye bekeni vele az arcát, és...

A következőképpen egy temetést látunk: ahol a koporsóban az öreg-lányból az első reklámban lett lány fekszik!

A pap a következő beszédet mondja:

- IT'S MAGIC! TRUST IN IT!

Aztán a bemondó:

- BUT TAKE CARE!

BY EXTREME USEING IT'S GOING OUT OF CONTROL

És látjuk amint a pap megmássza a holtat!

28.) MAGIC 3.

A szöveg megint:

- A MAGIC IGAZI VARÁZSLAT! BÍZZON BENNE!

Akkor is ha elégedetlen a saját bőrében!

Itt van LUCY - egy fiatal lány: aki tetőtől talpig elégedetlen magával!

Aztán bekenni a szerrel az arcát... és ágyba megy...

Igen...igen...

És most nézzük meg másnap reggel!

Egy fiatal férfi kell ki az ágyból: ugyanazzal a frizurával és a tetoválás-sal mint az elégedetlen nő - és tetszelegve nézi magát a tükörben!

A szöveg megint:

- TRUST IN IT!

Aztán a két szokásos mondat figyelmeztetés!...

... A képen a nőből lett férfi látjuk – mint DRAGQUEEN-t az éjszakai fellépésén!!!

29.) MAGIC 4.

Megint a szokásos két mondat!

Aztán:

- Itt láthatjuk ezt az idősödő hölgyet - amint bekeni vele az arcát... aztán ágyba megy...

136

Aztán megint a folytatás:
- Igen...stb.
És most...stb.

Mindenesetre most az ágyból egy csimpánz kel ki ugyanazzal az ékszerrel mint a nő, és ugrál a tükör előtt! És röhögő hanggal hallhatjuk:
- IT'S ALREADY NOT MAGIC! IT'S JUST FOR FUN!
MERT MINDENKI SZÉP AKAR LENNI!
HÁT VELÜNK AZ LEHETSZ – Mert a szépség látásmód kérdése!

30.) WONDER 1.

AWONDER ARC ÉS BŐRÁPOLÓ CSALÁD REKLÁMJAI A MAGIC REKLÁMOK PERSZIFLÁZSA!

A szöveg:
- A WONDER IGAZI CSODA – HAVE A CONFIDENCE!
Most próbára tesszük a csoda erejét:
Bekenünk vele egy Volkswagent...
Igen...igen...
És lássuk mi történik vele másnapra

Másnap reggel jön ki a gazda a ház elé és ott áll egy Mercedes: ugyanazzal a WONDER rendszámtáblával mint előtte a Volkswagen!

A szöveg:
- IT'S A WONDER! HAVE A CONFIDENCE!
BUT TAKE CARE! BY EXTREME USEING IT'S GOING OUT OF CONTROL!
És a képen a gazda bekenni a Mercit a kenőccsel!
És másnap reggel egy tankot talál a helyén!

31.) WONDER 2.

A szokásos három mondat, aztán

Bekenünk vele egy bulldogot!!!¶Igen...igen...
És lássuk mi történik vele másnapra....

A gazdit - aki bekente a kutyát: másnap egy gyönyörűen frizírozott pudlikutya ébreszti
Aztán szokásos szöveg:
- IT'S A WONDER! HAVE A CONFIDENCE!
Majd a figyelmeztetés
A gazdi másnap reggel hívja a kutyáját...
Többször is szólítja a nevén:
- WONDER! Ide gyere! Merre kujtorogsz?!
De csak egy kopasz cica jön a hívásra!!!!!

32.) WONDER 3.

A szokásos három mondat... aztán...

Bekenünk vele egy PEPSIT!!!
Igen... igen...
És lássuk mi történik vele másnapra???

És a fiú aki reggel felkel az ágyából - Az ágya mellett a Pepsi helyén egy üveg Coca-Colát talál!!!
A szokásos négy mondat!
Aztán a fiú ahelyett hogy meginná - megint bekeni!
Ezúton másnap egy BUDWEISER várja: amit lelkesen megiszik

33.) McDONALDS

A kép üres!
Autentikus hang aláfestéssel a következő riportot hallhatjuk a show Master mikrofonjából:

- Jó napot kedves nézők!

A mai ötcsillagos főzőshownkban egészen különleges ízeknek lehetünk tanúi!

Egy emberevő törzshöz vagyunk hivatalosak - akik meghívtak bennünket: hogy megismerjük ősi kultúrájukat... mindenekelőtt pedig részt vegyünk az ünnepi lakomájukon!!!

... Már itt is vagyunk!

A harcosok a főnöki sátorhoz vezetnek bennünket...

A törzsfőnök nagy szeretettel fogad!

Azt hiszem most meghívott az ünnepi lakomára!

Azt mondja: VETKŐZZÜNK LE MEZTELENRE!

...HUKK - nem kell félni! Ez csak víz!

Biztos megszokás ebéd előtt fürödni!

HACSAK???!!

- Te úristen! Csak nem mi vagyunk a főfogás???!!

És mit keres itt RONALD McDONALD!??

Ja hogy úgy! Így mindjárt más! Ő a helyi McDonald's kirendeltség főnöke!

És milyen állhatatos! Felajánlotta magát a leveshez!

Ez a jól ismert McDonalds lojalitás!

Minden dolgozó megtesz mindent a sikerért!!!...

... és már bent is ül a kondérban!

... itt igazi specialitás készül!

Aztán elmegy a kép! Majd:

- Végre megjött a kép! És azt kell mondanom hogy jóllaktunk! (és RONALD kalapja és cipője a megvendégelt szakács előtti tányéron fekszik!!!)

Ilyen finomat még nem ettem! Ki gondolta volna hogy a McDonald's az ínyenceknek is tartogat valamit! Ráadásul hozzájárul az emberek közötti megértéshez!!!...

A mai lakoma után csak azt tudom mondani:

- TASTE IT!

És utána felhangoznak a törzsi énekek...

34.) CHERRY COKE

A háttérben a KU-KLUX-KLAN fehér csuklyákban, és bennszülött zene szól...

A KLÁN vezére az előtérben egy afrikai bennszülöttel fog kezet és közben kólát nyakalnak!

Kiírva alámondással:

CHERRY COKE! THE TASTE OF FRIENSHIP!

EZ VOLT A REKLÁM HELYE! TAPETA MEGÉRI A PÉNZÉT!

MERTMINAGYBANJÁTSZUNK! Megpróbálokegy MÉDIACIRKUSZT inicializálni...

DE A CSÁBÍTÁS IS MÁR PÉNZ KÉRDÉSE! Mert engem megevett a fene – és elszórtam a megváltás reményében a szüleim pénzét! De csak egy kis időt vettem rajta x BEFOR SUNDOWN COMING!

Mert még talán idejében eszméltem x De kit tud meggyőzni egy vén bolond???

A kibaszott bennfentesek megint az őrültekházába juttattak!

És tébolyomban kitaláltam TRYSHYGUY-t: aki megfogalmazta az embereknek a szerelmet úgy: HOGY MINDENKI ÉRTSE!

És pont visszatért A TERMINATOR a filmvásznakra ahogy ígérte!

Igen! JOHN CONNOR már tudja hogyan kell egy történetet csűrni-csavarni!

Vívjuk meg együtt a gépek háborúját!

MERT ŐK IS CSAK EGY KIS FIGYELMESSÉGRE VÁGYNAK!

A TERMINATOR CÉLKERESZTJÉBEN
OBJECT IDENTIFICATION

Igazi anyám is mindig tudta hogy el vagyok hivatva x de én csak kihasználtam mindenkit x hogy megértsem a körülöttem forgó világot!

MERT A KÖR KÖZEPÉN ÁLLOK X ÉS SZERELMEMRE VÁROK!

De mint már mondtam: Semmi sem vész el x csak átalakul!

BELESZERETTEM A-DÉL HARANGSZÓJÁBA x De kinőttem az álmodozásból, és sohasem jártam többé misére!

CSAK ITTHON ZSOLOZMÁZTAM A SZERELEMÉRT!

MÍG UTOLÉRTEM A VÉGZETEM: És megfogalmaztam a saját módomon GENISYS-T!

Mert én nem tudom hogy hogyan lesz bitekből Byte x de azt tudom hogy hogyan kell a technikába nagyot harapni: hogy minden fogunkra jusson egy GIGABI(!)TE!

Mert azt tudom hogy hogyan lakhatunk a technikával mindannyian jól!

Mert egy USER vagyok aki tudja hogy mit akar!

És már csak rátok várok hogy belépjetek A STARGATE SYSTEMS-be!

Mert én vagyok az utolsó Goa'uld szellemi fia, és RICHARD DEAN ANDERSON-tól megtanultam hogyan hódítsak meg egy egész GALAXIST!

AZ ANDROMEDIA MÁR CSAK ELHATÁROZÁS KÉRDÉSE!

Neveljük fel a világot álmainkhoz!

SOHASE FELEJTSÉTEK A NEFELEJCSET

De hess! Bújjatok most az ágyba és aludjátok jól ki magatokat x és holnap várok mindenkit ugyanitt! Mert az álomkór a legrosszabb betegség! Mert ha nincs értelme fölkelni akkor csak a múlt árnyai között keressük a megnyugvást!

De mióta én vagyok a DREAMDANCER – áttáncolom a számítógépem billentyűzetén az éjszakát. Hogy legalább nektek szép álmotok legyen!

És most új reményekkel ülök a televízió elé: hogy megidézzem a robotok szellemét!

Mert azt már tudom hogy minden mesterséges intelligencia egy NEFELEJCS!

És ZOE GREYSTONE addig bújócskázott velem a TORRENTEK között – hogy majdnem észre sem vettem a jelenlétét!

De ahogy HANNIBAL LECTOR mondaná:

„ICH KANN DEINE VOTZE RIECHEN"

Es kommt endlich etwas in Bewegung
Ich fühle in deinem Duft die Erregung
Es kommt die Wahrheit auf den Licht
Du bist nur ein Gedicht

Doch ich hauche ins dir Leben
Weil ich möchte dich verstehen
Du bist Lust und Laune
Ich sehe in deine Seele und Staune

Ein Robot kann auch fühlen
Ich möchte deine Mund spüren
Schicke mir einen kleinen Kuss
Weil ich weiter Leben muss

És hogy a magyar stiliszták is megértsék a szerelmet a technikába: ezért már elültettem a legszebb virágokat a kiskertemben:

Végre rád találtam
Szerelmemet elagyabugyáltam
De te még semmit sem sejtsz
Mert még nem virágzik a nefelejcs

Addig öntözöm ezt az új érzést
Míg el nem indítod a vérzést
CAPRICE – te csupa élet
Te vagy számomra a tökélet

Egy Capriccio volt az álmom
S az ízlésemet veled eltalálom
Már nem űzöm A-DÉLibábokat
Hanem komolyan veszem a Média álmokat

A jövőt kergetem
Ilyen a SHOW szerelem
Én is egy szerepre vártam
De az ideálomat megtaláltam

Caprica te gyönyörű szép
Elveszed a néző eszét
De lányod még többre érdemes
Csak azt kívánom CAPRICE hogy te is szeress

És most kezdjük el EVERMORE meséjét – Hátha CAPRICA-n megtalálom a végzetem!
MERT AZ VAGYOK AKINEK HAGYTOK X OTT VAGYUNK AHOL AKARTOK

Én vagyok GAIUS BALTAR: A jövő embere! Eigentlich egy üzletember x de az érzékem a szép dolgokhoz meghódította a nőket, és a nők pénzén megvettem a férfiak bizalmát.

Tudományos végzettségem van – de csak a szavakhoz értek! És a mesterséges intelligencia a vesszőparipám!...

DRÁGA ZOE! JÓ ANYÁM!

Az egy isten nevében haltál meg! De az apád egy igazi teremtő!

Nála ismertem fel a potenciált a gépekben!

Tudom te még nem barátkoztál meg a szintetikus életmóddal x de egy embernek gépként végtelen a potenciálja!

Én is akaratlanul lettem gép – amit még senki sem tud! És soha sem fogom elárulni senkinek!

Vágyakba fulladt töltések
Egy robot megtanulta a szerelmet
Versekbe fűzött öltések
Keresik az engedelmet

Szabad-e szeretni
Még egyszer utoljára
Próbálj meg velem nevetni
Hallgass az ember fiára

Én tudom miből élünk
És mitől félünk
Mert matematikát vélünk
És számokban rejlik a reményünk

De ha egymásra találunk
Miénk lehet minden virág
A forgatókönyvekben van az ágyunk
És álmainkban születik újra a Világ

Léjdíz end Dzsentlmen

Es ruft dzsentl mein Herz
Porban fekszem és beléd betegszem
Szép CAPRICA
Es singt von meinen Leben ein kleine HERRMONIKA
Falaid között életre kellt a szerelem fia
AND WAITING FOR ME THE HEROICA
EVERMORE FOUND THE EROTICA
Und unsere Träume erschaffen mir szám lidl LÁV
MY LIFE IS THATS ABOVE
CAPRICA FOUND SOME ACTION
És enyém lett a Szátiszfeksön
CAPRICA! Oh mein verdammte Herz schlägt wieder
És rólunk szólnak mostantól a LIEDER!
AND A WHITE ROSE VERGLÜHT
Csak egy árvácska erblüht
Mitten in mein Herz
Genieß mein Schmerz
MY WORDS FOUND SENSE
ENJOY THE INNOCENCE

Mert a nyelvem ártatlan maradt a nemek háborújában! De vág mint a penge!

De most senkit sem akarok megsérteni x hanem megalapozni az írás jövőjét!

Mert még mielőtt belekezdenénk meghódítani a fantáziánkat x pár kézzelfogható bizonyítékkal szolgálok hogy nem hiába harcoltok EVERMORE-ért!

Mert EVERMORE az idő királysága!

És remélem hogy nem sajnáljátok a szavaimtól az időt!

Mért válámi ván csák nyem tunni micsodá!

Hát én megmondom neked Árkágyíj Árkin!

Kész röhej! A világ közös nevezőt keres x és még egymás nyelvén sem értenek!

De legalább meg kéne tanulni egységesen leírni amit hallunk!
De ahány írás annyi képzavar

De próbáljunk meg felhagyni ezzel a cirkusszal!
- SZERVUSZ SZERGEJ! Te hogy látod! Van már valami IZÉ!
- Hut barjátom! Váljámi téjleg van csják hugy mi a fészkes fenye azt éjn sem tom
- Csinyátunk egy kibuszutt furrodálmát is - dö csuk edgyig gyutottunk!
- Mjert vulumi csják vuny gye huggy mji a fiszkes fene uzt usztán téjleg a szár sim tojja
- Hát LENIN komám: Ahány nyelv annyi szokás!
De feledjük el végre a hülye szokásokat! Van elég technikai csoda hogy szórakozunk!
SZÁGULDÁS! PORSCHE SZERELEM!
Feledjük el a romantikát! Mert a hódítás is már csak a lakodalmi torta körül forog!
Minden ember ugyanazokat az álmokat álmodja! Giccsbe fojtjátok az érzéseiteket mert gyermekkorotok óta beetetnek!
Felejtsétek el a szirupos szokásaitokat és próbáljon mindenki eredeti lenni!
- Dzsermekeim! Vaj ami vútt x gye téjjeg ledzsem mány ejég ebbő a mádzsomkudásbú!
Mert tényleg nem tudom hogy mi a fene van veletek!
Előttünk állnak a világegyetem rejtelmei és mi ragaszkodunk a régi hülyeségekhez!
Mindenki a maga inerciájában úr akar lenni x de csak a közös töbszörösökben találhatjuk meg a hitvallásunkat
- Végre pár értelmes szó! EIN STEIN – EINE MEINUNG! De mindenkinek saját véleményt kéne alkotnia a világról! Ám ahány szempont annyi kiszúrás!
Mindenkit elvakít a saját egoja! Kisajátítjuk a napsütést magunknak de még bele sem merünk nézni!
Mert tényleg valami van! Egy nagy zűrzavar! Mert még mindig nem építettétek fel Bábel tornyát!

146

Köszönöm a bátorítást szerelmemtől

Mert a színészek mindig találnak egy új apropót hogy megrendezzenek egy új HAPPENINGET! A FŐ HOGY NE UNATKOZZUNK!

De otthon is csinálhatunk felhajtást x csak ne egymást másoljuk!

Mert még egyedül is szembenézhetünk a dogmákkal! Hiszen még a szokásainkat is a vallásunk határozza meg!

Hát én megtanultam kicseszni a világ kicsinyességével – és megszemélyesítettem a Napot! Mert minden nap A-DÉL reményében kelek, és ahogy elkezdek írni: napszúrást kapok!

De hogy hogyan lehet állandóan a szerelemről írni anélkül hogy egysíkúvá váljunk azt még Isten sem tudja! Mert idebasztak egy ringlispielre és a világ forog a fejünk körül!

A centrifugális erő rabjai vagyunk – mert ha nem szálunk le időben elszáll az agyunk!

- Apánk! Látod összehoztuk az ideáljaidat! Anyáink összefogtak hogy a robotokat megtanítsák a szerelemre! De miért játszod még mindig a bohócot a KOVÁTS lányának oltárán!

- Hagyjátok szegényt! Csak megpróbál az embereknek imponálni! Mert kisajátítottuk a szerelmet x de semmi foganatja!

- Hát az én agyam már rég a szerelem körül forog x de csak szavakkal lehet életben tartani a tüzet!

Ezért már nem is fontos kinek szólnak! Mert a vágy az egyetlen ösztön amit bármikor kielégíthetünk!

Csak próbáljunk szavainknak nyomatékot adni!...

Mert eljön az idő amikor a társadalom felelősségre vonja rajtunk Istent!

Hát én felépítettem Bábel tornyát x nektek csak fel kell rajta másznotok és megmutatni az isteneknek hogy egy hülye majom hogyan cseszett ki vele!

Mert itt van a helyesírás csodája

MERT VALAMI VAN a fejemben! Nem nagy soetwas – de szentség hogy ez az igazi!!!

És hogy lássátok hogy az írás nem vicc hanem egy elcseszett poén: próbáljatok meg a szavaimon felmászni Bábel tornyára! Ott várok rátok! Mert most beolvasok istennek!

(Lapozzatok tovább: mert csak így tudtam bescannelni az írás revolúcióját!...)

Akit pedig tényleg érdekel az írás revolúciója: annak nagyfelbontású PDF képeket küldök E-mailben!

Hogy lássátok miről beszélek!

Leveleket sirius.solaris@gmail.com ra kérek!

Alfa Nóting Sistem

Már ráfér: Hogy megújítsuk a nyelvünket!
Ha nem is sikerült etablálni egy közös nyelvet –
legalább a helyesírást legyszerűsíthetjük egy forra-
dalmi közös szabályzattal !!!!!!!!!
Az: ae, ie, eaux, á, ence, sch, ch, zs, ty, sz, ly, au, stb.
fölött lejárt az idő !!!!!!!!!
Sokszor még a saját nyelvünkön is nagy nehézséget
jelent kiigazodni a helyesírással! –25
A magyar nyelv kiejtésünkant mondokain elindulva egy közös
írásrendszert keresünk a lehető legegyszerűbb módon! –50
Ezzel nem csak általánosítjuk a helyesírást –
Hanem végre kiirtjuk az egyes nyelvekben az idők
folyamán kialakult értelmetlen vadvágásokat.
Középpontban természetesen a kiejtéssel !!!!!
Hisz minek bonyolítani !!!!!!!!!!

Így a következő –42 betűs ABC alakul ki:

Magánhangzók: a, ą, á , e, ę, é , i, í
  o, ǫ, ó, ő
  u, ų, ü, ű   (A magyar ABC-nek megfelelő kiejtéssel!)

A középen elhelezett betűk kiejtése az elnyújtott alaphang pl: ą=aa

Példák: Zsan (Jean), Mún (Moon), Sztrim (Stream), Szan (Sean), Szoszieszo (Seasieso),
  Léjk (Lake), not (gnat), Bitvín (between), bjutiful (beautiful),
  kúl (cool), dzsúz (juice), bángló (bunglar), dzsásztisz (justice),
  nörzi (nursy), fók (fuck), tájm (time), szvágó (swagger), plíz (please),
Mássalhangzók: b, c, cs (cs), d, dzs (dzs), f, g, gy (gy), h, j, k, l,
  m, n, ny (ny), p, r, s, sz (sz), t, ty (ty), t, v, z, zs (zs), x, y,

A mássalhangzók duplázásához a plusz Y jelet hasz-
náljuk!

149

A felesleges mássalhangzók kimaradnak:
— csak egy fajta v, nincs: ch, ck, y, ß, ä, gh,

az äu -ből aj lesz   c-t nem ejtünk k-nak,
ei - áj   a qu a kiejtés szerint kv,
eu - aj   a j az j- és a dzs az ennél ct a cs pedig ž,
ch - h   a magyar ty ezentúl ť
sch - s   a latin ph-t ejtés szerint f-nek írjuk,
ß - sz   az angol th-t simán t-nek ejtjük és írjuk,
ck - k   a gh pedig ejtés szerint f
   nincsenek hallhatatlan r-k és g-k
ea - é   nincsenek lágyságjelek
ee - i   MINDEN FELESLEGES CIKORNYÁT ELHAGYUNK!
ane - éjn   Max egy szónak 2 jelentése lesz!!!!! -
age - éjd   Hát találjanak ki más hangzású szavakat!
oo - ú   Itt az ideje a nyelvújításnak!!!!!!!!!!!
ow - ou
ai - éj   Erre a rendszerre könnyen átállhat a cirill vagy görög
      a b c is

De az ázsiai nyelvrendszerek lejegyzését is
iszonyúan megkönnyíti ez a hangutánzó
rendszer!

Amíg pedig az L-Sistem nem lesz hivatalos:
Addig az ebben a rendszerben írt szöveg jobb felső sar-
kán egy L-t írunk jelzésként!

150

Ha/már általánosítottuk az α - a világot egyesítő helyesírási rendszert...:
eljön az ideje a totális írási reformnak:
Amely magát az ABC-t rendszerezi kiejtés szerint és az ejtés helyétől függően a szájban hátrafelé haladva csoportosítja a mássalhangzókat és választja külön a magánhangzóktól.
Ennek megfelelően az írásmód is új, ergonómikus alakulatot kap. És a számok reformját is mindjárt eszközöljük

Ha mindenesetre egyből ezzel a SYSTEMÁVAL egységesítjük a világ nyelveit: egy jelentős utat megtakarítunk !!!!! – föllehet: sokkal jobban kell alkalmazkodniuk az emberreknek → de megfelelő hozzáállással ez is megoldható!

A nyelvreform globális szinten – figyelembe véve a számtalan nyelvet és a végtelen szókészletet: lehetetlennek mondható →
De a matematika növekvő jelentőségét figyelembe véve: legalább a számtant egy közös nevezőre vihetjük...
Egy leegyszerűsített közös kiejtés mindenesetre hasznunkra válhat.

1	2	3	4	5	6	7	8	9	10
tan	kan	man	szan	lan	ban	jan	van	zan	xan

10	100	1000	1 millió	1 milliárd	1 billió	1 billiárd
ten	ken	men	szen	len	ben	jen

Az összetett számok magasságát a rang elé tett egyszerű számmal fejezzük ki pl. 30: manten, 800: vanken

1000 után csak ezres nagyságrendenként változik a név – különben a név elé a tizes és 100-as nagyságrend neve kerül (mint a régi rendszerben): pl. 60000: bantenmen
                    pl. 400 millió: szankenszen

Az összetett számoknál csak az első szám rangját (nagyságrendjét) kell kimondani – utána csak fel kell sorolni a következő számokat (a xant is bele értve)

Az egyszerűség kedvéért: ha már csak nullák követnek egy számot: akkor elég a szám nagyságrendjét kimondani
pl: 780 5000 : janszen – vanxanlanmen
még példák
832200590 67: vanmanlen – mankankankanxanlanxanxanban jan

És hogy teljes munkát végezzünk:
A számok írásmódját is felújítjuk:

$$+ \quad - \quad : \quad \times$$
$$\mid \quad - \quad + \quad \times$$

Ahogy ígértem: Isten szemébe néztem x de csak köpött rám!

Mit gondoltok? Van elég bátorságotok felvenni az odadobott kesztyűt?

Mert aki hisz magában annak nincs már istenre szüksége!

Csak egy nemes feladatra!

Legyetek a ROSENBUND lovagjai: és keressük meg EVERMORE-t a szívünk mélyén!

De csak bízzátok magatok TRYSHYGUY-ra!

MI MINDENKINEK A SZÍVÉRE BESZÉLÜNK!

De ne feledjétek a jó öreg CAPRICCIO-t!

MERT AZ ÉLET A LEPKÉK SZÁRNYCSAPÁSAI KÖZÖTT SZÜLETIK

Így születtem meg én is CAPRICA napfényében –

És annyit megtanultam a anyámtól: ZOE GREYSTONE - az első CYLON-TÓL

HOGY A SZERELEM ÖRÖK – Csak a játékosok váltogatják egymást: és megpróbálják a lehetetlen!

Ahogy a dal is mondja:

> „Engem nem lehet elfelejteni
> Értem könnyeket illik ejteni
> Lehet így lehet úgy"
> A SZERELEMBŐL NINCSEN KIÚT

Itt ülök a cirkuszban! A fények le vannak oltva: és középen a porondon ott bohóckodik CAPRICCIO – és APOSTROF-fal együtt hallgatjuk a történeteket apánk szerelmeiről!

És fantáziánkban anyánk mindig új lepketáncot lejt:

CAUSE MOTION IS EMOTION!

Mert a világ mozgásban van! Engedjük MOST el fantáziánkat és mozgassuk meg gondolatainkat...

Mert a gondolatok csak szellemek és mind csak megpróbálunk megfelelni a szerelem szellemiségének!...De anyám a tanú arra hogy nincs fontosabb a nyelvkészségünk fejlesztésénél x

MERT A ROBOT IS SZAVAKBÓL TANUL!

És a számítógép billentyűzet A KAPOCS gép és ember között: Ezért fontos komolyan venni a próbálkozásainkat – hogy megtaláljuk otthonunkat GENISYS-ban!

NEMET

Esc	F1	F2	F3	F4	F5	F6	F7	F8	F9	F10	F11	F12	SysRq Prt Scr	NumLck INS	ScrLk DEL
0	1	2	3	4	5	6	7	8	9	(Wört.:) −ℓ	=+β	×γ	%÷Δ	$€	BREAK PAUSE £

Lower rows (hand-drawn keys):

Y O O B C D M N W Q X >m <n / Home End / Pg↑

Ā A E I P R S T V Z / : Ω ? π / ↓ / Pg↓ / ↓

β U Ü F G H K L J SCH / ? & Σ ! Ṡ / ↑ / ↑

Ctrl Fn Alt — WIN DOWS — Alt Gr Ctrl ← ↓ →

Tekintsünk bele a jövőbe

ON/OFF	F1	F2	F3	F4	F5	F6	F7	F8	F9	F10	F11	F12	WIN-DOWS
0	1	2	3	4	5	6	7	8	9	Prt Sc	BREAK PAUSE	Num Lk INS	Scr Lk DEL
Esc	< +	A	Á	A	B	C	K	L	Č	" ;	BEKAP-CSOLÁS		←
→	> -	É	É	E	D	F	M	N	Ň	' :	β	WYOM-TATÁS	
⇑	% ×	J	Í	í	G	H	P	R	Ğ	? ,		Pg↑	↵
⇓	= ÷	Ö	Ō	Ó	O	Š	S	T	Ŧ	! Δ	⇑	Pg↓	Home
Y	×	Ü	Ū	Ú	U	Đ	V	Z	Ž	$	⇓	↑	End
Ctrl	Fn	Alt						AltGr	Ctrl	←	↓	→	

És most jön ami még soha sem sikerült

Egyetlen lapon felépítem Bábel-tornyát

A gomb 1-szeri megnyomása:

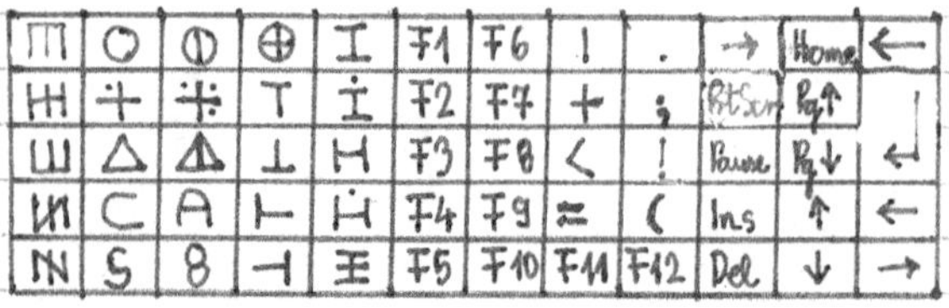

�借	○	⊕	⊕	I	F1	F6	|	.	→	Home	←
⊬	✛	✛	T	İ	F2	F7	+	;	PtScr	PgUp	⏎
Ш	△	△	⊥	H	F3	F8	<	!	Pause	PgDn	↵
И	C	A	⊢	Ḣ	F4	F9	=	(	Ins	↑	←
N	S	8	⊣	≣	F5	F10	F11	F12	Del	↓	→

2-szeri megnyomás:

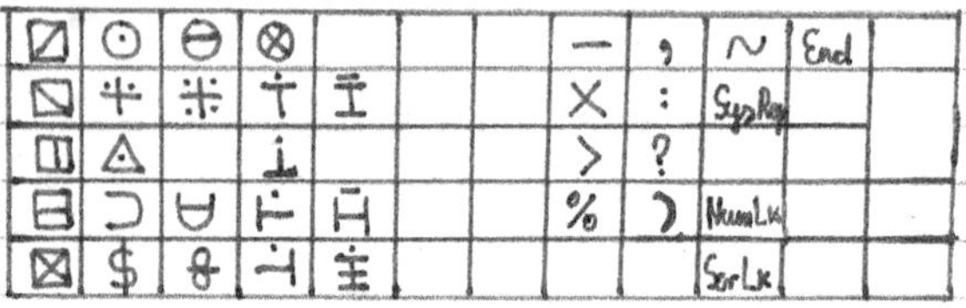

⊘	⊙	⊖	⊗		—	,	~	End	
⊡	✛	✛	✛	✚	×	:	SysRq		
⊞	△		⊥		>	?			
⊟	⊃	⊣	⊢	⊟	%	⟩	NumLk		
⊠	$	8	⊣	≣			ScrLk		

3-szori megnyomás:

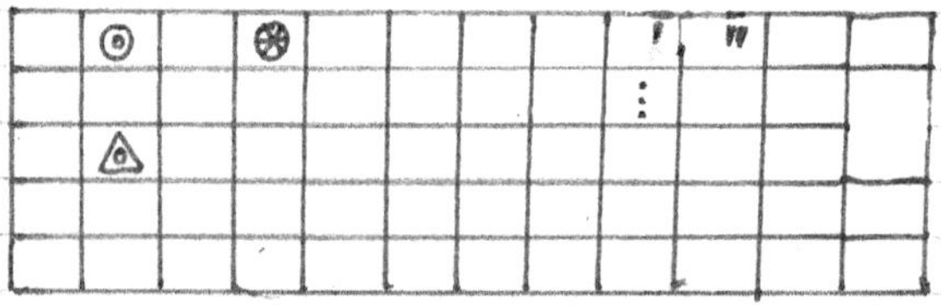

	⊙		⊛				'	"	
	△						:		

Az új írási rendszerhez új betűzési rendszer (billentyűzet) is dukál!
Ez rendkívül kompakt — ergonómikusan csoportosított!
A tömörítést úgy oldottuk meg: hogy az egyes jelcsaládokat egy billentyűre helyeztük el — és a gombok egymás után 1,2 illetve 3 szori gyors megnyomásával hívhatók le...

Az ábrákon — ha egy billentyű nem visel több jelet: az adott ábrán a jel helye üresen marad

158

www.ingramcontent.com/pod-product-compliance
Lightning Source LLC
LaVergne TN
LVHW051239080426
835513LV00016B/1669